63021

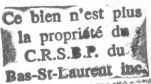

PLAN DE NÈGRE
de Sonia-Pascale
est le cinq cent unième ouvrage publié chez
VLB ÉDITEUR.

PLAN DE NÈGRE

REMERCIEMENTS

Un gros merci, simplement, à celui qui, par une glaciale nuit canadienne, m'a pris la main pour y planter un calame.

Un incommensurable merci à la direction de la recherche de l'École des hautes études commerciales de Montréal pour sa contribution financière à la rédaction de ce livre. Sans l'École, je n'aurais jamais eu les moyens de poursuivre l'entreprise, ni non plus, probablement, le courage, car on se lasse de tout, même de l'effort.

Les remerciements les plus chauds et tout particuliers à Gilles Gauthier, celui qui a cru en moi, qui m'a soutenue dans tous les sens, et, est-il besoin de le préciser, qui a supporté avec philosophie mes humeurs pas toujours faciles.

Et enfin, merci à cet avocat, Me Edmond Jolicœur, pour sa précieuse aide prodiguée avec tant de délicatesse.

AVERTISSEMENT

Toutes les personnes dont il est question dans ce récit vivent encore; la plupart des noms et quelques détails ont été changés afin de préserver leur anonymat. Toute homonymie ne serait donc que le fruit du hasard.

Sonia-Pascale

Plan de nègre

récit

Avec la collaboration de Gilles Gauthier

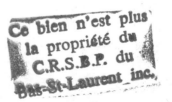

vlb éditeur

VLB ÉDITEUR
Une division du groupe Ville-Marie Littérature
1010, rue de la Gauchetière Est
Montréal, Québec H2L 2N5
Tél.: (514) 523-1182
Télécopieur: (514) 282-7530

Maquette de la couverture: Eric L'Archevêque

Illustration de la couverture: Daniel Quirion

Mise en pages: Édiscript enr.

DISTRIBUTEURS:

- LES MESSAGERIES ADP*
  955, rue Amherst, Montréal, Québec H2L 3K4
  Tél.: (514) 523-1182
  Télécopieur: (514) 939-0406
  * Filiale de Sogides ltée

- Pour la Belgique et le Luxembourg:
  PRESSES DE BELGIQUE S.A.
  Boulevard de l'Europe, 117, B-1301 Wavre
  Tél.: (10) 41-59-66
       (10) 41-78-50
  Télécopieur: (10) 41-20-24

- Pour la Suisse:
  TRANSAT S.A.
  Route des Jeunes, 4 Ter, C.P. 125, 1211 Genève 26
  Tél.: (41-22) 342-77-40
  Télécopieur: (41-22) 343-46-46

- Pour la France et les autres pays:
  INTER FORUM
  Immeuble ORSUD, 3-5, avenue Galliéni, 94251, Gentilly Cédex
  Tél.: (1) 47.40.66.07
  Télécopieur: (1) 47.40.63.66
  Commandes: Tél.: (16) 38.32.71.00
              Télécopieur: (16) 38.32.71.28
              Télex: 780372

Dépôt légal — 2e trimestre 1994
Bibliothèque nationale du Québec
ISBN 2-89005-566-3

Avant-propos

Sonia Pascale écrivait déjà depuis un moment pour elle-même. Nous avons pensé qu'il serait possible de mettre ensemble les talents de l'écrivain et l'expérience de quelqu'un qui a déjà produit des livres dans un autre domaine...

L'approche adoptée dans ce livre

Nous avons tous parfois l'occasion d'être en contact avec des gens — ou des milieux — pour qui la vie est une expérience éprouvante et l'espoir un bien rare, mais nous ne faisons que passer. Ces gens ne peuvent accéder à l'écrit car ils ne disposent pas des collaborateurs ou des ressources financières qui leur permettraient de raconter et d'analyser la situation qu'ils vivent. Finalement, ce sont toujours d'autres personnes (parents, intervenants, chercheurs, etc.) qui interprètent pour eux ces situations. Sonia Pascale s'adresse directement à ceux qui veulent l'entendre. Elle a les deux pieds dans le concret et possède le talent de celle qui sait raconter les scènes de la vie. Cette approche peut comporter un certain élément de subjectivité puisque le recul n'existe pas, mais on peut y gagner dans une compréhension plus riche d'une certaine réalité. Sonia Pascale décrit cette réalité telle qu'elle l'a vécue: réalité difficilement concevable pour elle jusqu'à ce jour.

Une partie de la richesse du récit, c'est de laisser le lecteur faire ses propres interprétations et tirer ses propres conclusions. C'est d'ailleurs à lui que ce récit s'adresse.

À qui s'adresse ce livre?

Ce livre s'adresse peut-être plus spécifiquement:
1. aux parents d'adolescentes;
2. aux adolescentes elles-mêmes;
3. à toutes les catégories d'intervenants qui tentent tant bien que mal de résoudre les problèmes que vivent les adolescentes.

Ce livre s'adresse aussi à ceux qui ont la capacité d'analyser des situations tout autant rationnellement qu'émotionnellement, mais qui ont la sagesse de ne pas condamner trop rapidement. Cela ne veut pas dire qu'ils sont incapables de porter un jugement ou qu'ils n'ont pas le sens des valeurs, bien au contraire, mais qu'ils sont là quotidiennement *à l'écoute*. Cette sagesse doit se retrouver chez chacun: parents, adolescentes et intervenants. La sagesse ne trompe jamais personne.

Vous avez des commentaires à faire? Faites-les!

Des conseils à donner?

Des recommandations?

Des questions à poser?

Des choses à dire?

Comment pouvez-vous joindre l'auteure? Par courrier, envoyé à son attention, soit à l'éditeur, soit à l'Union des écrivains du Québec.

GILLES GAUTHIER
École des hautes études commerciales

Je dédie ce livre en premier à ma mère, ou, pour être plus précise, à ma génitrice, avec toute l'amertume qu'elle a fait naître en moi et toute la terreur qu'elle m'a inspirée. Je suis heureuse en vérité d'être arrivée à ne plus penser à ma mère, et plus encore de ne plus la rencontrer.

Je dédie aussi ce livre à mon père, mon géniteur, mon vrai père, celui que je n'ai jamais connu, un certain Harding, homme des Îles ou peut-être d'Afrique, noir de son état, noir charbon, je crois. Que j'ai aimé et que j'aime, sans rien en savoir. Rien, si ce n'est un nom propre arraché de haute lutte.

Et bien sûr, je dédie ce livre ma fille, ma fantastique fillette qui a aujourd'hui six ans, ma petite blonde de fille, mon rayon de soleil, mon soutien de tous les jours. Ma béquille peut-être. Que le ciel te protège, fillette! Je t'aime.

Oui, son père, bien sûr! Son grand blond de père que j'ai aimé, et que je ne suis pas sûre du tout de ne plus aimer; ce grand blond qui a fait pour la première fois vibrer mon cœur, c'est à lui que je dédie ce livre. Et je prie le ciel de le conduire sur les pas de sa fille. J'aurais alors atteint un des objectifs de cette entreprise d'écriture.

Il y a aussi tous ceux qui, délibérément ou pas, ont contribué à la réalisation de ce livre, chacun, chacune à sa manière. C'est à eux que je pense lorsque je le ferme, et aussi lorsque je l'ouvre. Tous ces gens, petits et grands, qui m'ont aidée et aidée. Gens d'amitié, gens de profession, tous gens de cœur. À vous tous, je dédie ce résultat. Un résultat qui est un peu le vôtre.

Et à toi, cher lecteur, chère lectrice, je te dédie modestement ce pan de ma vie que, j'en suis sûre, tu comprendras. Non, je ne te dirai pas de ne pas juger. Trop facile. Je te dirai plutôt de juger, de juger! Au moins, je serai assurée d'avoir ton attention, de susciter ton intérêt.

C'est pas tellement dans la façon qu'il avait d'ouvrir la porte... c'est plutôt dans la façon qu'il avait de la fermer.

S. P.

Une femme qui se masculinise, une société qui se féminise, des enfants qui s'abâtardisent

La question n'est pas de savoir si Sonia Pascale est fautive ou non dans cette histoire, pas plus qu'on ne saurait la tenir pour responsable et encore moins pour coupable de ce qui lui arrive. Sonia Pascale me fait penser à ce héros de La vingt-cinquième heure, *un brave bougre tirant à hue et à dia les infortunes de la guerre, n'entendant rien à ce qui l'entoure, tantôt embrigadé tantôt incarcéré, tantôt d'un côté du feu tantôt de l'autre, au gré d'un képi, d'un uniforme, mais toujours avec la violence pour compagne. La violence, Sonia Pascale en a goûté: de la physique à la doucereuse, de celle qui se conjugue au masculin à celle qui bat au féminin, toutes deux avilissantes. La violence, Sonia Pascale y a été plongée dès son baptême. Au nom du péché originel, au nom de sa conception. Une conception non immaculée, pas blanche pour tout dire. Sonia Pascale vient de nulle part. Un peu comme le Dieu des catholiques, ce fils de père. Bienheureux enfant, lui, car au nom du père, il est! Ainsi soit-il!*

Sonia Pascale, elle, n'aura pas ce simple mais ô combien insigne honneur d'avoir aussi *un rameau mâle duquel descendre, puisque sa mère en aura décidé autrement. Peut-être parce que ce rameau est noir, noir charbon, noir brûlé quoi! Et elle pourra tout son soûl porter la peine du monde sur ses épaules, rien n'y fera. Son message ne passera pas, abandonnée qu'elle est par la maïeutique sociétale qui a si bien servi le fils du père en son temps. La société d'aujourd'hui, elle, voudra insérer Sonia Pascale, la récupérer, non la reconnaître. Tu passes ou tu meurs. Aujourd'hui, la naissance, c'est un ventre, et c'est tout. Quelquefois un ventre artificiel, science oblige. Les ingrédients importent peu, on les sort du congélateur, anonymes même si étiquetés. Seul compte le réceptacle.*

Ainsi donc, Sonia Pascale est une fille de père inconnu, la mère, elle, étant parfaitement connue, puisque ayant enfanté son rejeton, et qui plus est, après l'avoir conçu le plus naturellement du monde, en copulant avec un homme, certes nègre, mais dont elle a pris tout de même la semence et gardé par-devers elle le fruit. Ballottée de mensonges en négations, Sonia Pascale fait la lie de la société moderne: de ces si euphémiques centres d'hébergement aux uniformisés flics, juges et avocats, à toute cette logistique de système, petite et miséreuse, sniffant les fonds de culottes d'enfants inexistants, d'enfants de parents absents. En art cinématographique, cela s'appelle un film de cape et d'épée. En d'autres temps, on parlait d'hommes de sac et de corde. Mais ces hommes et ces femmes du système ne sont en rien justiciers comme il nous arrivait, enfants, d'en rencontrer un au cinéma. Comme nous les applaudissions nos Robin des Bois! Ces hommes et femmes du système d'aujourd'hui sont là pour le perpétuer, le système. Ils sont là, du fond d'un prétoire ou d'une officine, pour broyer la volonté des enfants, au nom de leur propre intérêt, disent-ils, en vérité au nom du rouleau compresseur de cette négation de la vie, de cette négation de la filiation, de cette standardisation des mômes. Ils domptent la nature, comme je les ai vus dompter la rivière La Grande de la baie James. On s'en fout d'où vient X ou Y, ce qui importe c'est que X soit pareil à Y, c'est-à-dire qu'on puisse les intervertir à volonté.

Plus du tiers (quarante pour cent en 1991 d'après un rapport de la CEQ) des élèves du secondaire décrochent. Nul besoin de grandes statistiques pour déterminer que le mal n'est pas tant dans la pédagogie ou les programmes, mais bien dans l'origine même de ces enfants ratés, ces enfants de l'échec. Un enfant raté, c'est un adulte qui n'aura pas eu d'enfance. C'est en proportions une société malade. Le Québec détient le plus haut taux au monde de suicides d'enfants. Cachons-nous, les amis!

Et ça continue!

E. Tahmie
Montréal, octobre 1993

Par où commencer?

Par où commencer? Ma mère, mon père, le collège, les centres d'accueil, mes amours, la violence, mon histoire de femme battue, les centres de femmes, mes avocats, ma fille, mes adorables amis qui ne l'ont pas toujours été? Ma bonne étoile qui m'a sauvée?

Par où commencer? Le présent serait sûrement un bon début, mais il me décourage tellement que j'aime mieux en éviter le sujet, pour l'instant. C'est tellement plus facile de parler des événements qui sont loin de nous quand ceux-ci ont été aussi pénibles qu'héroïques.

Je pourrais commencer par la foi, la foi en la vie qui m'a menée jusqu'ici et qui me soutient dans tous mes innombrables débats. Débat pour la justice, débat pour la recherche de la vérité, débat pour tout et pour rien, diront certaines mauvaises langues. Je les entends déjà et je voudrais toutes les faire taire, mais à bien y penser, je les remercie d'avoir été là, car sans elles, sans leur ingrate ignorance que j'ai longtemps subie, puis acceptée, et dont finalement je me suis défaite, je ne serais pas ce que je suis, la Sonia Pascale d'aujourd'hui.

Ma vie n'a pas été facile, mais elle a été bien. Et je l'ai aimée. C'est tellement merveilleux la vie quand on y pense! C'est splendide, la vie.

Mon arbre généalogique, l'arbre duquel je descends

Je suis née à Montréal (Québec) en 1968, sous le nom de Simpson, de Sonia Simpson. C'est à cinq ans que j'ai pris le nom de Sonia Parizeau, puis de Pascale Parizeau, puis finalement de Sonia Pascale Parizeau. À cinq ans, ils ont troqué Simpson pour Parizeau. Ma mère en toute fierté se mariait enfin, aux grands bonheur et soulagement de ma grand-mère Simpson qui avait été vexée que, malgré la bonne éducation qu'elle avait tenté de donner à sa fille Gisèle, Gisèle se soit fait engrosser à Montréal, par un Noir, comme ça, sans histoire d'amour, sans préalable. Comme ça, elle était partie de Mont-Laurier pour venir voir la ville, et vlan! Du coup, elle se fait mettre enceinte à l'âge de seize ans par une personne de race noire, en 1967.

Mais quelle idée! Qu'est-ce qui l'avait attirée à Montréal? Une fille de seize ans de Mont-Laurier dont la mère était une ancienne sœur de la Miséricorde, Mme Raymonde Thibault, qui avait épousé M. Samuel Simpson après quelque trente années de service chez les sœurs, après toute une vie passée auprès des sœurs, ayant été placée là par son père, suite au décès de sa mère. À l'âge de deux ans, Raymonde entrait chez les sœurs de la Miséricorde; elle y passa trente années, en sortit pour entrer dans un mariage qui ne fut qu'une grande bêtise, et, depuis, toute la lignée en souffre. J'aimerais bien savoir ce qui s'était passé dans la tête de Raymonde. Épouser Samuel! Mais ma grand-mère n'est plus de ce monde. Et ma mère? Partir de Mont-Laurier, pour venir voir l'Expo à Montréal? Je ne sais… mais les années coïncident! On en convient. Et tout ce que je peux faire, c'est supposer, parce qu'elle ne veut rien me dire. Rien me dire de mon père. Rien me dire du tout, à part un nom, Earl Harding, aux dernières nouvelles, mais elle l'a rebaptisé tellement de fois que, bon, à la fin, on n'y croit plus. Enfin, il devait être grand parce que je suis grande et qu'elle est courte, et il devait être mince parce que je suis mince et qu'elle est grasse; il ne devait pas être trop moche parce que je ne suis pas trop moche. Voilà ce que je sais de mon père. Pratiquement rien, n'est-ce pas?

Bertrand épouse maman

Au départ, Bertrand Parizeau était bien gentil avec moi, il m'achetait des tas de trucs. C'est sûr qu'il était gentil avec moi, il voulait plaire à maman! Par conséquent, il était gentil avec moi et avec elle! Il apportait toujours des roses, douze pour maman, une pour moi. Toujours treize roses à chaque visite dans les débuts. Puis ils se sont mariés et tout a changé. Comme ça, clac! Rien n'était plus comme avant.

Le salaud, je ne lui pardonnerai jamais, que je me disais. Il m'a bien eue. D'abord, il est gentil, tout doux, puis après il fait le con. Il est con, ce mec, mais non!… il n'est pas con du tout… pas con du tout du tout. Il nous voulait, il nous a eues. On était à lui désormais. Maman changeait. Elle aussi était différente. Toute drôle. Toute conne, et elle grossissait tout du devant. C'était un bébé qu'il y avait là-dedans et qui prenait plus de place de jour en jour. Tellement qu'un jour papa (je devais l'appeler comme ça, ça lui faisait plaisir et moi ça me faisait *comme* si j'avais un papa, même si tout le monde savait que, non, ce n'était pas mon papa. De toute façon, la preuve était évidente. Un Gaspésien de Sainte-Anne et une fille de Mont-Laurier plus pâles l'un que l'autre, ça ne fait pas des bébés couleur chocolat. Mais je l'appelais papa, ça faisait plaisir), un jour, donc, papa et maman m'informaient qu'on devait déménager à Sainte-Geneviève. J'avais six ans!

Puis, bébé est venu. C'était un garçon. Jean-Thomas qu'ils l'ont appelé. C'est beau comme nom. On se trouvait un peu à l'étroit dans le grand cinq-pièces et demie de Sainte-Geneviève sur le bord du fleuve. Et papa faisait plus de sous. On a donc déménagé en fin de bail, mais là c'était pire. Il y avait un bébé qui jacassait dans nos oreilles, mais fallait pas le dire que ça m'agaçait. Ça aurait déplu à maman et fâché papa. Donc, on regardait par la fenêtre et on ne disait rien qu'on pourrait se retenir de dire. Cap, donc, sur l'île Perrot, un nouveau développement, des maisons toutes neuves, un grand terrain.

La vie à l'île Perrot

À l'île Perrot, j'allais rencontrer ma première bonne amie, que j'appelle aujourd'hui, à juste titre, mon amie d'enfance, et mon premier flirt, Guy Filion. Déjà à sept ans, j'avais un faible pour les blonds. C'est là aussi que j'ai reçu mes tout premiers cours de ballet classique. Que j'ai fait mes débuts en macramé aussi et, disons-le, mes débuts comme enfant battue et comme bonne d'enfant. Ça a duré trois ans tout ça. Trois ans.

L'école était chouette. Une petite école primaire ordinaire. Avec un directeur et des enseignants, plus une grande cour d'école où on jouait à l'élastique et à la marelle, Milaine et moi.

Je ne me souviens pas trop comment on s'était rencontrées, mais on s'est rencontrées. On allait à la même école, j'étais en deuxième année primaire, elle, en troisième. On demeurait aussi très près. Environ à la même hauteur à une rue parallèle l'une de l'autre.

On s'est connues en 1976. On s'aimait bien, on rigolait tout le temps, on s'amusait, on ne faisait que ça. C'était drôlement bien. On voulait devenir détectives privés, on se montait des petites enquêtes et on se pratiquait, on espionnait les voisins, les ouvriers qui terminaient la construction des maisons, on espionnait les oiseaux, les fourmis, presque tout.

C'était bien. Mais il y avait des filles et surtout des garçons qui me faisaient des méchancetés à cause de ma couleur.

«Boule noire! Ah! Ah! Ah! (Étienne.)»

«Négresse! Ach, tu joues avec une négresse! (Étienne encore!)

«*Black and Niger!* (Ses amies.)»

«Maudite négresse! (Les autres.)»

«Arrk! tu pues. Lave-toi! (Tous les autres.)»

C'était comme un manège sans fin, et tous les soirs je rentrais de l'école en larmes. C'était l'enfer pour une petite fille de sept, huit, neuf ans. De toute façon, c'est toujours l'enfer, le racisme, à tout âge, mais les enfants c'est plus cruel! Ça ne se gêne pas. Il n'y a que Guy Filion qui n'embarquait pas, qui était non pas gentil parce que «qu'est-ce que les autres auraient dit?» mais au moins, lui, il ne me criait pas de noms. Et il me faisait des sourires parfois. Et j'aimais bien!

Départ de l'île Perrot

Je n'étais pas triste de partir. Juste à l'idée de ne plus entendre le monstrueux Étienne et sa *gang* me crier des noms, c'était du soulagement, une délivrance enfin! Enfin, j'allais avoir la paix!

Je ne laissais personne derrière moi. Milaine avait quitté la région pour la ville avec ses parents environ dans le même temps. Il n'y avait que Bonnie, une amie de maman, qui était bien avec moi. Je l'aidais à la garderie. Elle avait une garderie installée dans son sous-sol rénové et c'est la mère Bonnie qui nous achetait nos jardinières en macramé à Milaine et à moi. Je ne sais pas ce qu'on faisait avec l'argent. On devait le dépenser à la *Patate Dorée*, le petit restaurant du coin, l'air crasseux, mais qui n'était pas crasseux du tout. C'était surprenant même parce que, de l'extérieur, il n'était pas trop invitant.

Le décor extérieur était même repoussant. À l'intérieur, un éclairage tamisé, un *juke-box* et une odeur d'huile à frire.

Là, c'était pour Sainte-Marguerite qu'on partait, dans le Nord. Une grosse maison de pseudo-riche. Papa avait obtenu une augmentation encore! On est restés là trois ans! Trois ans à me faire écœurer à cause de ma couleur. Trois ans à devoir céder aux cris de mon petit frère qui exerçait un très grand chantage sur moi. *Sinon* papa allait se fâcher, et qui allait encore encaisser? Moi, l'heureuse désignée. Combien de fois j'ai pu souhaiter ma mort ou sa disparition!

Ils étaient bien mignons tous les trois, et moi, bof! je savais bien que ce n'était pas ma place. J'étais une erreur. Et puis le temps, le temps a passé.

Papa était à cheval entre Montréal et les Laurentides, à cheval entre maman et le boulot. Le boulot, le boulot. Ça, c'est bien mon père. Le seul contact que j'avais avec lui, c'étaient les coups, les coups. Mon père me tapait. Je ne sais pas pourquoi il me tapait ainsi. Toujours pour un rien. Il tapait et tapait encore. Tantôt avec une cuillère de bois, tantôt avec ses mains. Ma mère, elle, me lançait des choses au visage. Elle n'avait pas les mains assez solides pour me taper sans se faire mal elle-même. Je me rappelle… Papa nous avait préparé des assiettes de biscuits et un verre de lait à Thomas et à moi. Trois biscuits dans chaque assiette — pas plus.

«Demain matin, vous nous laisserez dormir, ta mère et moi. Tu ouvriras la télé à faible volume et tu t'occuperas de ton frère. C'est compris, ma grande?

— Oui, papa!

— Pas de bruit surtout! Le moins possible.

— O.K.!»

On était couchés, Thomas et moi, avec l'envie de se réveiller pour manger les biscuits au chocolat. Je me voyais déjà en train de les manger, ces bons biscuits au chocolat!

«Merci papa. Bonne nuit!

— Bonne nuit, maman.

— Bonne nuit, ma grande.»

Au matin, tout était calme dans la maison.

Les biscuits au chocolat

Je m'étirais, un dernier bâillement et hop! un sourire: les biscuits et le verre de lait! Je me suis levée d'un bond, je suis descendue à la cuisine et qu'est-ce que j'ai vu là? Thomas assis à la table devant une assiette de biscuits vide et une autre entamée... Il me restait deux minables petits biscuits dans l'assiette. Deux bons biscuits.

D'un bond, j'ai repris ce qui était à moi, le biscuit qu'il avait en main compris. Alors vous imaginez, sur le coup, il s'est mis à pleurer. Il hurlait à en fendre l'âme. Eh merde!

«Pas de bruit, surtout. Le moins possible!

— O.K., papa, oui papa.

— Eh merde!»

Je lui ai rendu le biscuit qu'il avait déjà commencé à manger. Il l'a pris, ouf! Mais non, il continuait à crier. La vache! Merde!

On n'entendait plus que des cris dans la maison. Dans la chambre, ça jasait fort. Ma mère sortit brusquement, mais c'était bien évident que ce n'était pas une délicieuse odeur de biscuit qui avait fait qu'elle s'était levée. La colère se lisait clairement sur son visage. Et ce n'est pas très beau la colère sur le visage de sa mère. Surtout, surtout quand on sent qu'on a un rapport direct avec cette colère!

«Arrête de le faire crier!

— Maman j'ai rien fait, c'est lui.

— Criss, t'es plus vieille que lui...

— Maman, il a mangé tous nos biscuits et... ceux-là, je les voulais.

— Donnes-y donc, cet hostie de biscuit!

— Sont à moi, maman!»

Elle ne voulait rien comprendre. Et je voulais ces biscuits, moi!

«Donnes-y!

— O.K., maman.»

Je tendis les deux biscuits à Thomas qui les entama à la seconde. À chaque bouchée, à chaque crounch… ça me faisait mal. Comme si c'était mon cœur qu'il croquait. Il ne les dégustait même pas. Je n'en pouvais plus. J'éclatai en larmes et en revendications:

«Maman, c'était à moi. Papa les avait mis là pour moi. Maman, c'était à moi. Lui, il les a tous eus, et moi, papa les avait mis là pour moi.

— Criss que t'es bébé! Là, tu vas te fermer la gueule! C'est compris?

— Maman… tu comprends pas…

— Ferme ta gueule!»

Elle ne rigolait pas. Tellement que j'ai reçu une botte d'hiver, une belle botte que le cordonnier lui avait faite sur mesure tout en beau cuir noir avec un beau talon en bois que j'aurais préféré pour les circonstances en plastique mou.

C'est cette botte qui m'atterrit sur la mâchoire et me fit taire du coup. À deux mains, je me tenais la mâchoire. La botte avait traversé la cuisine. Ma mâchoire me faisait terriblement mal. Ma mère est rentrée dans sa chambre, elle avait obtenu ce qu'elle voulait: elle nous avait fait taire. Elle avait résolu le problème. Puis, tout simplement, elle retournait sous les couvertures, elle retournait à sa lune de miel, laissant derrière elle une mâchoire fracturée, un cœur brisé et un ventre de petit garçon content.

Avant d'aller enfouir ma peine dans mon oreiller, je regardai Thomas, tenant encore ma mâchoire d'une main, les yeux débordants de larmes. Il était là, l'air innocent, content même. Il en profita pour me faire comprendre qu'il voulait écouter les «bonshommes du samedi matin». J'obéis sur-le-champ.

«Plus fort! réclama-t-il.

— Non, maman veut pas!» suppliai-je.

Il n'insista pas et je pus monter à ma chambre pleurer un bon coup!

Et maman s'excusa

Pendant les quatre à cinq semaines qui suivirent, le côté droit de mon visage afficha une grosse bosse qui diminua progressivement. Et ce n'est que quatre ans plus tard, lors d'une visite chez le médecin, que j'ai eu droit à des excuses. Le médecin de famille me mettait à l'aise; il était là pour répondre à nos questions concernant ma venue dans le monde des femmes. Et avant la fin, il m'a demandé:

«Pour le reste, ça va?

— Bien, c'est quoi, ça?

— Quoi ça?

— Ça là... y a un petit bout qui bouge dans ma mâchoire.»

Il tâta et, au bout de quelques minutes, m'affirma:

«Ça, c'est un bout de l'os qui a éclaté. Tu as dû manger un coup.

— Ah! je ne m'en suis pas rendu compte.

— Non? Pourtant ç'a dû être un bon coup, un vrai! C'est l'os qui a cédé. Un petit bout d'os, mais un bon coup.»

Et avec ses mains, il m'expliqua plus précisément de quoi il était question. Et bien avant la fin de ses explications, j'avais compris. J'avais compris que c'était la botte. Ma mère écoutait très attentivement, émettant des «oui» et des «ah bon» de temps en temps.

Mais moi, je n'écoutais plus. Je revoyais dans ma tête la scène des biscuits au chocolat. Ce que je pouvais m'être trouvée idiote! Tout ça pour des biscuits au chocolat. Ce que je lui en voulais à elle!

Le médecin termina ses explications en disant qu'il n'y avait pas de quoi m'inquiéter. Que c'était pour toujours rester là mais que ce n'était pas dangereux:

«Mais fais attention à toi un peu plus, O.K.?»

Et d'un ton paternel il ajouta:

«Promis?

— Oui.

— Bon, O.K., alors s'il y a quoi que ce soit, téléphone-moi. Bonjour!»

On le salua avec reconnaissance et on s'éloigna vers le stationnement de la clinique.

«Maman, tu sais c'est quoi, ça?

— Non, tu l'sais, toi?

— Oui.

— C'est quoi?

— Ta botte.

— Ma botte?

— Tu te rappelles, on avait loué un chalet d'un oncle et bon, un matin tu t'étais fâchée et tu m'avais envoyé une botte au visage. Ça avait fait une bosse.

— Tu penses que c'est ça?

— Oui.

— Alors, si c'est ça, excuse-moi. Bon, on va faire le marché maintenant.

— Oui.»

Elle avait changé de sujet en bouclant la ceinture. Et moi, j'ai bouclé aussi.

Sur la route vers le marché, pas un mot de tout le trajet. Je revoyais la scène et je réentendais les phrases du médecin qui m'avaient le plus marquée:

«Un bout de l'os a *éclaté*.»

«Un bon coup, un vrai!»

«C'était toujours pour rester là.»

Et la dernière phrase me sonnait dans la tête comme sonne une alarme pour prévenir qu'il y a le feu. Oui, pour toujours. Même aujourd'hui je tâte et c'est encore là. Le pire c'est que demain ce sera là encore.

Les bonnes à la maison

Grand-maman est morte en 1979, j'étais en cinquième année à l'école primaire de Sainte-Marguerite. Morte de quoi? Je ne sais pas. Mais elle est morte et depuis… elle n'est plus là.

Mon dernier Noël avec elle, c'était à Sainte-Marguerite, le 24 au soir. Il y avait grand-maman, Carl, le frère de maman, et sa blonde Charlène. Il y avait Thomas, maman, Bertrand et moi, et Vadrouille, notre chien. Il y avait Lady aussi. Lady, c'était un chien irlandais, un *Irish setter*, un superbe chien. Si j'avais à avoir un chien, ce serait un *Irish setter* comme Lady. On était tous là, et moi, j'avais la fièvre. Donc, tout le monde prenait soin de moi, c'était bien. J'avais un service pas croyable.

Maman préparait les soupes, les potages, comme je les aime. En fait, c'était maman ou Vivianne ou Pierrette qui les préparait, ça dépendait. Vivianne et Pierrette, ce sont des bonnes qui travaillaient à la maison. Pierrette, c'était à l'île Perrot et Vivianne, dans le Nord. Pierrette était une pauvre fille qui avait demeuré en pension chez ma grand-mère. Ma grand-mère avait une âme de missionnaire, elle gardait des enfants en accueil, des petits et des grands. Pierrette cherchait un job, on cherchait une bonne. Du coup, elle se trouvait un job et, nous, on avait notre bonne. Elle est restée chez nous un bout et, un jour, elle est partie. Elle voulait entrer dans l'armée.

Je l'aimais bien et elle aussi m'aimait bien. J'étais la petite fille adorée de Raymonde, de Mme Simpson, comme elle l'appelait. Alors, j'aurais eu la Lune si je la lui avais demandée… je le sentais bien. Tellement que je ne la lui ai jamais demandée, *je n'en avais pas besoin.*

Je la respectais beaucoup et quand elle est partie, j'ai pleuré. Elle aussi a pleuré, et mon père, et ma mère. Après son départ, on a baptisé le lave-vaisselle «Pierrette». Ils trouvaient ça bien drôle.

Vivianne, elle, ça n'a jamais été une amie. Elle travaillait chez nous, et pour elle, c'était un job, point. Très efficace, elle courait toujours. Elle nous trouvait très cochons et disait que ma mère était pour faire de Thomas une tapette, que déjà il avait de fortes tendances. Tout ça parce qu'il jouait plus avec les poupées qu'avec les camions. Je ne sais pas, elle avait peut-être ses raisons, sûrement qu'elle avait ses raisons, et je ne les connais pas vraiment, alors j'aime mieux ne pas m'embarquer là-dedans. Elle faisait son job, elle était efficace. Et non, ce n'était pas une amie.

Il y a aussi que Pierrette logeait, mais pas elle. Ça fait aussi une différence.

Le «mais» des enfants

Le «mais», c'est le compromis entre le non et le oui
Le mais, c'est la confirmation que tout n'est pas
    blanc ou noir
Qu'il y a aussi le gris

Le mais, c'est essentiel quand on ne veut pas briser
    la ficelle
Qui péniblement subsiste, qui durement résiste

Le mais, c'est l'espoir de s'faire valoir
De s'faire comprendre, d'éviter qu'on nous pende

Le mais, c'est tout quand on a huit, douze ou
    quinze ans
Et qu'on a des parents qui savent tout, tout l'temps

Du moins qui croient savoir, mais… (qui savent
   pas)
Du moins qui voudraient bien, mais… (qui peuvent
   pas, demandent pas)
Du moins qui ne savent pas, mais… (qui pourraient
   savoir en demandant)
Du moins… du moins…
Tout ça pour dire que le «mais»
C'est un mot important, chers parents.

La lumière et le «mais»

Un soir, la lumière était restée allumée dans ma chambre. Maman était venue me border gentiment, me faire la bise, me mettre au lit. Calmement, gentiment… Puis elle était sortie, refermant la porte de ma chambre, laissant la lumière allumée. D'ordinaire, elle la fermait. Je n'ai pas trop compris sur le coup. Mais voilà, après trente secondes… peut-être quarante, j'ai trouvé pourquoi… C'était Simone, mon professeur, à l'école, qui m'avait demandé de lire le soir avant de dormir. J'avais des problèmes de lecture, je lisais très mal. Je ne sais pas, les mots ne coulaient pas. J'accrochais toujours, à tous les mots. Simone m'avait recommandé de lire avant de dormir; elle m'en avait parlé, elle m'en avait fait la forte recommandation cette journée-là. Elle avait dû appeler maman et le lui dire… et elle avait dû lui dire aussi de ne pas me forcer à le faire, qu'il fallait que ça vienne de moi et, bon, des tas de trucs que les adultes se disent. (J'avais huit ans.) Maman n'avait pas voulu me blesser, me complexer. Alors, subtilement, elle avait laissé la lumière allumée pour me rafraîchir la mémoire sur les recommandations de Simone. D'ailleurs, je trouvais ça curieux qu'elle soit venue me border ce soir-là… Elle n'en avait pas l'habitude, du moins pas aussi gentiment. Elle m'avait demandé comment avait été ma journée à l'école. La coquine, que je me disais! Hé là là... celle-là! elle était vraiment aussi forte qu'elle le disait. J'avais la meilleure maman du monde, j'en étais bien convaincue. Cela me réconciliait du coup avec elle... elle n'était pas toujours extra, mais quand elle l'était, elle l'était!

Ça ne me disait pas tellement de lire. J'avais plutôt envie de dormir, de rêver, mais elle aurait été bien mécontente, bien déçue... Si elle m'avait lancé le message comme ça, c'était qu'elle était sûre que je comprendrais et... j'avais compris. Ça devait même être un truc à Simone, ça... Sacrée Simone! elle me connaissait bien plus que je ne pouvais croire. Ils m'avaient eue... O.K.! je vais lire! Et je me suis pris un bouquin. Toutes ces réflexions... ça s'est passé vite, le temps que maman se rende à la cuisine ou au salon y faire quelques trucs et revienne dans la section des chambres où se trouvait la salle de bain.

Et voilà! Je l'entendais et je me disais: «Celle-là... je n'ai pas eu raison de croire qu'elle ne m'aimait pas. Je n'ai pas eu raison de croire qu'elle était méchante. Oh, que non!...»

Je n'ai pas entendu la chasse d'eau... Elle ne tirait jamais la chaîne après son pipi... Je venais à peine de choisir un livre... J'avais une bibliothèque bien garnie, et de tous les livres qu'il y avait... je n'en avais lu aucun. Alors maintenant que je me décidais... il fallait bien choisir. Celui-là... non! Celui-là plutôt, et puis ce fut celui-ci.

Elle est entrée dans ma chambre comme par surprise et, comme si elle me prenait en flagrant délit de quelque chose, elle m'a lancé:

«Qu'est-ce que tu fais là?»

Ce n'était pas possible... elle se foutait de ma gueule! Non... non... elle rigolait... alors, calmement, je lui dis... convaincue qu'elle serait bien fière de moi d'avoir compris son message:

«Je vais lire un peu.

— Mademoiselle va lire un peu!»

Elle était furieuse.

«Comment ça, tu vas lire un peu? Quand je te couche, tu te couches. J'ai pris la peine de te border, pis regarde ce que ça donne. Franchement, Sonia (je m'appelais Sonia en ce temps-là), franchement, Sonia, tu trouves pas que t'exagères?»

Je ne savais pas trop quoi dire. Si c'était une blague, elle n'était pas drôle, elle ne me faisait pas rire. J'avais même envie de pleurer.

«C'est Simone qui a dit que je devais lire avant de dormir…»

Elle m'a coupée.

«Simone, c'est pas ta mère. C'est pas Simone, certain, qui va commencer à diriger dans ma maison…»

Et la façon qu'elle prononçait son nom… On aurait dit qu'elle l'avait en horreur, cette Simone. Cela me faisait de la peine parce que moi, je l'aimais bien, Simone. Mais la lumière, c'était pourquoi alors?

«Bien, maman, pourquoi t'as laissé la lumière allumée?…»

Et là…

«T'as du front! T'es en train d'me dire que c'est pas toi qui t'es levée pour ouvrir la lumière, que c'est moi qui l'ai laissée A-L-L-U-M-É-E, ta lumière? C'est ça?»

C'était effectivement ça, mais je ne comprenais pas pourquoi elle disait que j'avais du front et pourquoi elle disait ça sur un tel ton.

«Oui maman, c'est ça.»

J'avais peur de la suite. Je ne savais pas ce qu'il y avait, mais je savais que ça ne sentait pas bon.

«Oh! ben, ma petite tabarnak! Bertrand! Bertrand, viens ici (et il est venu). Sonia s'est levée après que je l'ai couchée, a ouvert sa lumière pour faire je ne sais pas trop quoi, puis là, elle dit que c'est moi qui l'ai réouverte, sa lumière. Une belle menteuse, ta fille!»

Il s'est tourné vers moi:

«Dis la vérité!

— C'est pas moi! C'est elle, quand elle est sortie, elle l'a laissée ouverte.

— Bertrand, fais quelque chose!»

Et il a fait quelque chose, il m'a battue… Jusqu'à ce que je dise comme elle.

Clac!

«Dis la vérité!

— C'est pas moi…»

Clac!

«La vérité!

— C'est pas moi.»

Clac!

«Dis-la donc la vérité!

— Oui, j'vas la dire… mais papa… c'est pas moi. J'y ai pas touché.

— Criss qu'elle a la tête dure. T'as bien une tête dure!»

Il était enragé, et ma mère qui en rajoutait:

«T'es mieux de la dire, t'es mieux de l'dire, Sonia. Tu vas avoir moins de problèmes comme ça… C'est-tu si dur que ça de dire la vérité? Dis-la donc…»

Elle passait du ton autoritaire à un ton qu'on aurait cru gentil… Mais, ma foi! elle en était persuadée.

«C'EST PAS MOI!» que j'ai hurlé.

Et papa a répondu:

«Ma petite criss, tu t'en sortiras pas comme ça. Tu vas dire la vérité!»

Et il a bûché, et il a bûché et il a bûché… Et il répétait:

«Dis-le, je sais que c'est toi!»

Et je disais

«Non!»

La vérité, ce n'était pas ça. Je n'étais pas pour mentir. Grand-maman me l'avait dit: c'est péché de mentir. *No way!* Je n'étais pas une menteuse. Je ne mentirais pas.

Dieu que je priais pour que la mémoire lui revienne, c'était ma seule chance. Je ne sais pas combien de temps ça a duré, mais ça a duré longtemps! J'étais à bout. Je n'en pouvais plus. Grand-maman avait dit aussi que Dieu pardonnait nos péchés, tous nos péchés. Alors, il devait pardonner cette sorte de péché-là aussi.

«Oui, c'est moi.»

Ce que les fesses me chauffaient! Ce n'était pas croyable. Papa m'a lâchée sur le coup. Il a sifflé un:

«Bon... elle a fini par le dire.»

De satisfaction, il est retourné à la télé... ou à son journal. Et maman est restée pour dire ce qu'elle avait à dire.

«La prochaine fois, dis donc la vérité. Ça va être plus simple.»

Et moi, je ne pouvais pas la laisser comme ça. En plus, je me sentais coupable. J'avais conté une menterie et on m'avait crue...

«Maman, j'peux-tu te parler?

— Oui, ma belle, qu'est-ce qu'y a?»

Elle était redevenue calme et gentille... C'était le temps. Elle s'est assise sur mon lit comme une douce maman et, tout attentive, elle attendait ma confidence.

«Maman... j'veux... j'veux pas que tu te fâches, O.K.? (Je prenais mes précautions...) Promets-moi (promis, c'était comme juré. Si elle promettait, elle ne pouvait plus se fâcher).

— Promis.»

Elle me caressait les cheveux... Doucement, elle m'entourait avec ses bras...

«Maman... T'sais, la lumière... bien, c'est pas vrai... j'ai menti. J'voulais plus avoir de tapes...

— Qu'est-ce que tu veux dire?

— Bien... j'veux dire que la lumière... bien j'te jure, maman... c'est pas moi qui l'ai allumée. Elle était restée comme ça.»

Du coup, elle a cessé ses gentillesses. Vous vous imaginez! Et elle m'a lancé je ne sais plus trop quoi de très méchant et, en claquant la porte, elle est sortie. Et moi je savais que maman, rien à faire, à moins d'un miracle, elle resterait avec son idée. Elle resterait avec l'idée aussi que j'étais toutes les méchancetés qu'elle avait dites. Mais je savais aussi que Dieu, le superhéros, était fier de moi. Et que faute avouée est à moitié pardonnée, alors sûr qu'il me pardonnerait!

Et je me suis endormie comme ça... Mon cœur reprenait un rythme plus normal. Ma respiration se régularisa et, en me flattant, en me caressant les fesses, je me suis endormie. Comme ça. Dieu que les fesses me faisaient mal!

Si je leur en voulais? Mais non!... Papa ne pouvait pas savoir. Ce n'était pas son affaire, et il s'en était mêlé. De toute façon, il n'avait pas eu le choix de s'en mêler... Et leur en vouloir? Pourquoi? Grand-maman m'avait aussi dit que dans la Bible il y avait: «Pardonne-leur, car ils ne savent pas ce qu'ils font.» Et eux, ils ne le savaient pas.

Des fois, comme maintenant, je regrette de n'avoir pas été une menteuse comme tout le monde Si j'avais menti gentiment, ça n'aurait pas été bien grave, et mes fesses n'auraient pas été toutes rougies et gonflées. Elles ont bien pris une semaine au moins à dégonfler, ces fesses-là.

Le samedi 25 janvier 1991

Ma poupée de punition

Il y a eu ma poupée aussi... Une petite poupée de chiffon que j'adorais et que j'adore encore. Quand papa n'était pas là pour la fessée et que maman considérait que je méritais une correction, elle la prenait et m'en privait. Cette poupée était ma favorite, ma confidente, mon amie, et elle s'appelait comme ça, Amie. Ma mère pouvait m'en priver pendant deux, trois et jusqu'à cinq jours. Pour moi, c'était l'enfer chaque fois! Je ne comprenais pas. Je ne comprenais pas pourquoi elle faisait ça.

Je savais que c'était pour me punir, parce qu'elle n'était pas contente de moi. Je la voulais, moi, ma poupée. Pourquoi? Pourquoi elle me l'enlevait?

Parfois même, elle oubliait qu'elle me l'avait enlevée et quand finalement je me risquais le cœur à lui demander si, là, je pouvais la ravoir:

«Maman?

— Quoi, Sonia, qu'est-ce qu'il y a?

— Tu sais, ma poupée, je peux-tu la ravoir, là?

— Ah oui, j'avais complètement oublié, je te donne ça tantôt. Là, je suis occupée.»

Elle l'avait oubliée, mais elle allait me la rendre. Ouf! mais elle ne comprenait pas. Elle s'en foutait, elle, de ma poupée. Elle avait oublié. Moi, je n'avais pensé qu'à ça depuis, et elle, elle avait oublié. Enfin, elle était pour me la rendre, alors tout ça n'avait plus d'importance. Mais le soir arrivait et je ne l'avais toujours pas.

«Bonne nuit!

— Maman (avait-elle oublié ou avait-elle changé d'avis… c'est ce qu'on allait voir, courage), tu sais, tu as dit que t'étais pour me la redonner.

— De quoi tu parles?

— Ma poupée.»

Et là, soit elle me la rendait, soit elle me disait:

«Ah oui! demain c'est promis, je la sors (de la garde-robe de l'entrée, bien haut) et je te la donne. Promis!

— Mais maman…

— Quoi?»

Elle s'impatientait, mauvais signe.

«Pourquoi demain?»

Je me forçais pour avoir le ton et les mots les plus discrets pour ne pas qu'elle se mette à penser que je faisais ça pour l'emmerder.

«Demain matin. De toute façon, tu n'en as pas besoin là, tu dois dormir. Bonne nuit!

— O.K., maman.

— Tu me dis pas bonne nuit?

— Bonne nuit, maman.»

Et la porte de ma chambre se refermait, et je pleurais, et j'essayais de me convaincre qu'elle avait raison, que je n'en avais pas besoin, qu'il me fallait dormir, qu'il était assez tard. Mais je ne réussissais pas toujours à me convaincre et je continuais à pleurer. Et je pleurais, et je pleurais, et je pleurais encore. Jusqu'à épuisement total. Le sommeil me prenait au passage et je m'endormais de fatigue.

Et un jour, j'en ai eu marre de cette punition. Je réfléchissais, et bon, je conclus. Elle m'enlevait cette poupée parce que c'était ma poupée préférée et qu'elle le savait! Donc, elle voulait me gronder, mais pas moyen de savoir si elle me gronderait ou pas parce que tout ça dépendait de l'humeur dans laquelle elle était. Je m'explique: des fois, elle trouvait ça drôle que je prenne son rouge à lèvres dans la salle de bains et que je m'en applique. D'autres fois, elle trouvait que j'exagérais, elle disait que je n'avais pas le droit d'y toucher, que c'étaient ses affaires à elle et que j'empiétais sur son territoire. Ainsi, c'était l'humeur, son humeur, qui décidait, et moi je «gamblais» sur ça et sur des tas d'autres choses. Un jour, ça faisait rire et l'autre... c'était la poupée ou l'engueulade ou la fessée. Mais ce qui me préoccupait, c'était la poupée. Car l'engueulade et la fessée, ça, pas moyen de les prévenir ni de les éviter. Mais la poupée? Elle m'enlevait cette poupée parce qu'elle savait qu'elle était ma préférée. Elle me voyait toujours jouer avec. C'est sûr qu'elle pouvait le savoir. Mais si elle ne me voyait pas, si elle me voyait jouer avec une autre poupée? Si je réussissais à l'amener à croire que ma poupée préférée était maintenant la poupée que grand-maman m'avait offerte en je ne sais plus trop quelle occasion? Si je réussissais à la convaincre que mes préférences avaient changé?

Il n'y avait qu'une précaution à prendre, qu'elle ne me surprenne pas avec Amie. J'expliquai mon plan à Amie, qui était parfaitement d'accord de toute façon: elle aussi vivait difficilement séparée de moi et maman la brassait avec tellement de négligence. J'avais trouvé l'endroit idéal pour jouer avec Amie: le fond de la garde-robe de ma chambre.

J'avais une grande garde-robe, avec des tablettes à ranger d'un côté où étaient empilés mes jouets de table. J'y installai gentiment Amie avec tout le matériel dont elle aurait besoin: un lit (une boîte de chaussures de papa), deux draps (des débarbouillettes) et un petit coussin en... Et puis non, elle n'en avait pas besoin.

Maman était avec papa dans la salle à manger. J'avais reçu l'ordre d'aller me brosser les dents. Cela fait... bon, c'était parti.

«Regarde, maman!

— Tu t'es brossé les dents?

— Oui. Regarde, maman!»

Elle discutait avec papa et ne me regardait même pas.

«Maman, regarde, c'est la poupée que...»

Elle me coupa la parole:

«Il me semble que ça a été bien vite, tes dents.

— Tu veux que j'aille me les rebrosser plus longtemps?

— Bien brossées, et reviens me montrer ça après.»

Bon, je retourne à la salle de bains, je fais couler l'eau du robinet et je m'assois sur le comptoir. Question de réfléchir encore un peu voir si mon plan était prêt pour exécution. Je ne me rebrossais pas les dents? Non! Pourquoi? Je venais de le faire, vite peut-être, mais entre nous, ce n'était pas plus vite ni plus lent que d'habitude. C'était son humeur encore qui se manifestait, mais là, fallait surtout pas le lui faire remarquer, ni même maugréer un peu, ni même rien du tout. Il fallait que mon plan marche. C'était vital, l'affaire. Ma première grosse affaire! C'était du boulot sérieux. Il fallait que je protège Amie. Ce n'était pas de la blague! Finis les enfantillages!

Et vous voulez savoir? Ça a marché! Du tonnerre! Comme sur des roulettes. Après un bon moment, je suis revenue dans la salle à manger en prenant soin d'avaler un peu de pâte à dents pour ne pas éveiller les soupçons.

«Tiens, maman, regarde!»

La bouche toute grande ouverte, «Haaaa», ma poupée sous le bras bien là, bien évidente:

«Bon, c'est mieux. C'est important les dents, Sonia. Il faut un bon brossage. Je suis sûre que tantôt, tes dents n'étaient pas aussi propres, qu'il restait des petits bouts de nourriture entre les dents...»

Avec un *speech* pareil, je vous jure que c'était dur de me retenir, de ne pas rouler les yeux par en arrière. Ouf! elle n'a pas su, et j'ai tout simplement dit:

«Oui, maman, tu as raison!»

Avec une grosse caresse, comme elle les aimait, et une bise.

«Mais pour tes dents, c'est bien compris, hein! Ta mère a raison, c'est important les dents.»

Voilà le paternel qui s'y mettait!

J'ai souri en regardant ma poupée. Je n'en pouvais plus. C'était à mourir de ridicule leur attitude et, bon Dieu qu'ils semblaient croire à leurs conneries! Je savais que les dents, c'est important, mais là, faut pas charrier. Enfin, je leur expliquai à propos de ma nouvelle poupée, que c'était elle maintenant qu'il fallait m'enlever si on voulait utiliser cette méthode fort efficace de punition.

Je ne leur ai pas dit ça dans ces mots, mais c'est bien ce que ça voulait dire en langage direct. Et ça a marché! Comme sur des roulettes. J'avais tout calculé et pour cause, et ça a marché.

Par la suite, quand elle me grondait et qu'elle usait de cette «méthode de correction», ça me faisait aussi mal, mais là, au moins, j'avais Amie avec moi.

«Elle t'aurait encore enlevée à moi...»

Rue Biret, Ville Saint-Laurent

Quand on est arrivés sur la rue Biret à Ville Saint-Laurent, il y avait un immense parc. Le parc Noël, qu'on l'avait baptisé. Le parc Noël était très grand avec des balançoires, des glissades, des ci-ça, des petites routes pour les balades à pied, un grand terrain de baseball plus un petit de basket. C'était bien beau, tout ça.

Maman et moi, on est descendues de l'auto, et c'est alors que j'ai vu pour la première fois David Beaulieu. Je n'avais que douze ans, ça fait dix ans de ça. Il était là dans les escaliers avec son vélo. La noirceur de la nuit qui commençait à s'installer ne me permettait pas de voir les boutons sur son visage. Tout ce que je voyais, c'était un *prince* grand, blond. Ses cheveux étaient d'un blond... Comme il me semblait beau et si masculin dans ses petits shorts sport et sa camisole! Il regarda dans notre direction. Je crus mourir de plaisir. Mon idée était dès lors faite. Il nous fallait cet appartement. Et on l'a pris! Ce qui m'a aidée à l'obtenir, c'est qu'il répondait presque parfaitement aux critères de maman, qu'il y avait une école primaire pas loin du tout, juste au bout de la rue, et un parc en face. De plus, c'était bien grand, bien propre et pas cher. Après l'avoir vu et nous avoir entendues le vanter sans cesse, papa a dit oui et on l'a loué. *Ils l'ont loué.*

Mais ce garçon, je ne savais même pas son nom! Ce que je pouvais avoir hâte qu'on emménage! Il était si beau! Un corps grand, mince, agile. Et blond, blond comme dans les contes de fées. Mais, au fait, le Prince charmant quand la fille est brune, il est toujours blond, non? C'est bien ce que je croyais! Il est blond.

Les blonds, la blonde

Blond comme Charles, ce cher Charles Lasource (vous allez, pour le moins, en entendre parler dans ce livre) qui n'avait du prince que la blondeur. Non! faut pas dire ça. Il a été bien, Charles, avec moi avant de devenir con avec moi.

Blond comme Jonathan Raymond (Jonathan, un amour de quatre mois — rien de trop sérieux).

Blond comme Arthur Stranislavski, blond comme Antoine, blond comme ma fille.

❑

Oui, ma fille est blonde, pas châtaine, blonde. Surprenant, mais c'est comme ça, et n'allez pas sortir la blague plate que j'ai entendue cent fois au moins: «Ils se seraient pas trompés de bébé à l'hôpital? Ah! Ah! Ah!» Je ne l'ai jamais trouvée drôle celle-là. Il n'y a que les gens qui la racontent qui la trouvent drôle. Les autres qui sont témoins sont embarrassés et moi, au début, je me forçais pour rire un peu, comme ça les blagueurs avaient l'air un peu moins con, mais aujourd'hui je ne leur fais plus de charité, même quand ils en auraient grandement besoin. Et le pire dans tout ça, c'est que ça a failli arriver. Pas tout à fait, mais quand même. À l'hôpital… Sainte-Justine!

Il y avait eu un changement de garde tôt le matin et la nouvelle infirmière était entrée dans ma chambre, le bébé dans les bras. Moi, j'étais allongée dans mon lit d'hôpital avec le même médecin que la veille au pied de mon lit qui me souriait et qui s'informait de mon état.

On a accueilli l'infirmière avec un sourire. Le docteur a voulu nous laisser, le bébé et moi, mais je lui ai demandé d'attendre de l'avoir vu avant de partir. L'infirmière nous a regardé, a souri. Elle a vérifié sur la pancarte installée au pied du lit avant de se décider à sortir de la chambre.

«Mon bébé, madame!»

Elle est revenue sur ses pas. Le docteur, un peu embarrassé, s'est levé, m'a saluée et a laissé toute la place à l'infirmière.

«Donne-moi mon bébé.

— Madame Parizeau? qu'elle demande aussi poliment que gênée.

— Oui, oui, c'est mon bébé!

— Excusez-moi, voilà!»

Ce que je pouvais la trouver conne! Surtout qu'elle avait vérifié sur la pancarte et que nos bracelets au petit (à la petite) et à moi portaient le même nom.

Bébé Parizeau   +   Sonia Pascale Parizeau
bébé   *moi*

L'infirmière partie, j'ai pu allaiter bébé en paix, loin, bien loin de toutes les réalités de la vie que j'étais pour vivre par la suite. J'étais heureuse et j'allaitais et j'expliquais à ma chérie combien je l'aimais déjà et que rien ni personne ne nous séparerait.

«Maman est là, mon bébé.»

Une toute petite maman mulâtre avec son tout petit bébé *blond*. Tout pour faire jaser! Surtout quand papa n'est pas là pour expliquer la logique de par son physique. S'il avait été là, les mots auraient été inutiles. Mais il n'y était pas. Il n'y était pas depuis déjà quatre mois.

Départ pour le collège (la valeur des choses)

Le déménagement à Saint-Laurent s'est effectué en juin ou juillet. Tout était presque installé. Et il y avait David qui m'inquiétait. Je ne l'avais pas revu depuis notre arrivée. Et si ce garçon n'avait été qu'en visite chez des parents? Et s'il ne demeurait pas là? Tout à coup que...? Les événements qui survinrent par la suite m'ont démontré qu'il habitait bien là, qu'il était à leur maison de campagne à Saint-Donat. Quelle joie! Il allait donc revenir!

Pendant ce temps, nous, nous étions bien affairés à l'appartement. Tout placer, tout redécorer. C'était bien. On magasinait aussi pour me trouver des vêtements pour le collège. J'allais entrer au collège à la fin d'août. Il me fallait des vestons et des jupes et tout le *kit* d'une petite collégienne. Donc, on magasinait. Tout fièrement, maman demandait au personnel des boutiques ce qu'il me fallait, expliquant l'événement prochain. Il fallait aussi des vêtements plus relax pour les activités parascolaires. On magasinait encore mais là, je pouvais dire ce qu'il me plairait d'avoir.

Je me souviens qu'à un moment nous regardions pour des pantalons. Un petit bout de papier qui était accroché aux pantalons attira mon attention (c'était un prix). Je voulais faire comme les autres, ces autres qui venaient dans cette boutique dans le même but que nous: y trouver quelque chose qui leur plaise. Tout comme eux, j'ai pris le petit bout de papier dans mes mains avec le même air sérieux qu'ils avaient et j'ai contemplé comme eux. Je ne savais pas ce qu'il y avait de si intéressant mais je faisais comme ils semblaient tous faire. Ça, c'était comme une coutume peut-être et je le faisais moi aussi. C'est là que ma mère, me voyant agir, a cru que je cherchais à l'insulter; elle m'a alors reprise sévèrement: «Tu achètes ce vêtement si tu l'aimes, le prix n'est pas important.» Le prix n'est pas important. «Je sais bien que c'est pas important», que j'aurais voulu lui dire, mais je n'ai rien dit. À quoi bon? Elle était vexée et je ne savais pas vraiment pourquoi. Qu'est-ce qu'ils trouvaient donc tous à ce petit bout de papier épinglé à chaque vêtement de la boutique? Bon, ce n'était pas bien de le regarder. Le regarder, c'était pour les autres, *nous*, on ne devait pas regarder. Je ne sais même pas si on pouvait regarder ceux qui regardaient ces petits bouts de papier! On a fini le magasinage avec presque tout après deux jours d'efforts. Maman était bien contente et bien fatiguée.

Un suicide aux aspirines et au spaghetti

Et puis, le grand jour est arrivé: la rentrée. Tout le monde était très énervé, content, inquiet, nerveux. Pascale entrait au collège Bourget. Ma mère et moi, on s'occupait des préparatifs de dernière minute. On est passées à la pharmacie acheter savon, brosse à dents, dentifrice. Maman pensait à tout, même à des pastilles pour la gorge au cas où, et à une petite boîte d'aspirine au cas où. Un petit format et un format familial. Le petit pour moi et le grand pour la maison. Shampooing, rince-crème, séchoir, brosse, tout pour faire sa toilette.

De retour à la maison, on a fini de préparer les bagages. Papa faisait les cent pas au salon pendant que maman me donnait ses dernières recommandations. Et elle se répétait, puis se répétait encore. Elle était drôle. Puis elle sortit quarante ou cinquante dollars de son porte-monnaie:

«Tiens, ça c'est au cas où. Tu le déposes au magasin des étudiants, O.K.?

— O.K., maman.»

Et elle recommençait.

«Bon, t'as des souliers pour ci, des souliers pour ça. Range bien tes habits après les classes pour qu'ils ne se froissent pas. S'il y a quoi que ce soit qui manque, note-le et on réglera ça à ton retour vendredi. L'argent, tu le mets…»

Je la pris gentiment par les épaules et lui dis comme une grande:

«O.K., maman, j'ai compris. T'inquiète pas. L'argent, je le dépose au magasin étudiant qui s'appelle *La pécule*, et mes vêtements... je sais, maman.

— Bon, O.K., j'arrête!»

Le tout emballé, on s'est assis à la cuisine pour manger. Papa, Thomas, maman et moi. Maman nous avait préparé un spaghetti que je n'ai pu digérer. Vous comprendrez vite pourquoi.

Nous étions donc tous assis autour de la table. Dernier repas en famille avant le grand saut, avant l'école secondaire, avant le collège privé.

J'aurais voulu ce souper très solennel, dans un respect total, en silence, chacun complice d'un sourire, d'un regard. Je savais très bien comment se sentaient papa et maman et eux, selon moi, devaient aussi savoir combien c'était important pour moi.

Les assiettes furent servies. «Bon appétit», leur souhaitai-je avec autant de politesse que de classe. Ils ne répondirent pas.

À la première bouchée, papa me dit:

«Pour l'argent...»

Je l'interrompis à l'instant:

«Oui, papa, je sais, je mets l'argent au magasin des étudiants et mes vêtements... Je sais, papa. Maman me l'a répété, puis répété encore, alors c'est O.K. J'ai compris!

— Tu vas m'écouter! répliqua-t-il, de son ton autoritaire de papa sérieux qui ne rigole pas.

— Maman, dis-y!

— Bertrand, ça va.

— Non, j'ai quand même mon mot à dire dans cette maison. Donc, *tu vas m'écouter.*

— Merde! j'ai compris!

— Ton argent, l'argent que...»

Et là, je l'interrompis encore.

«Maman, c'est très bon!»

J'espérais qu'il comprendrait et qu'il se calmerait; après tout, c'était moi qui entrais au collège!

«Ma petite crisse! tu vas m'écouter quand j'te parle!»

Je n'avais rien vu! Il était debout, ma chaise était tournée vers lui, il me tenait par les coudes et me brassait de tous bords, tous côtés. J'étais stupéfaite, surprise au plus haut point. Même si là j'allais au collège, il était encore pour me toucher, et il me brassait. Je me sentais une fois de plus comme un pot de peinture qui se fait brasser chez le quincaillier. Ça n'arrêtait pas. Puis, à un moment, il a fait un faux mouvement. Il était tellement énergique que mon bras lui est arrivé sur le nez et, à la suite de ça, il s'est mis à saigner du nez. Il avait l'air con, là. Il est parti sur-le-champ en direction de la salle de bains pour arrêter les saignements et s'essuyer le visage.

Dès qu'il m'a lâchée, j'ai regardé maman, et elle a regardé son spaghetti. J'ai retourné ma chaise comme si de rien n'était, et je m'apprêtais à manger le spaghetti qui ne me faisait plus envie du tout. L'événement me semblait s'être conclu de lui-même. L'événement, la tragédie plutôt, on s'y habitue, mais jamais vraiment. Même si ça arrive souvent. Mais d'ordinaire il me semblait que je pouvais prévenir, prévoir un peu, peut-être pas, mais ça n'arrivait jamais avant de sortir: ça l'aurait embarrassé. S'il m'avait laissé des marques, qu'est-ce que les gens auraient dit? Il ne pouvait pas s'en foutre. Il savait que c'était mal ce qu'il faisait.

La police m'informe de mes droits

Il le savait depuis ma première fugue, à l'âge de huit ans, à l'île Perrot, après l'école. J'étais allée me réfugier chez une amie de l'école, Monique, qui trouvait aberrant que je me fasse battre. On nous en avait parlé en classe, et c'est là que je me suis tournée vers elle et que je lui ai demandé si ça lui arrivait à elle.

«Non?

— Oh! moi oui!»

On n'avait pas poussé la discussion, mais j'avais vu à la surprise que je lisais sur son visage que c'était un cas.

Deux ou trois jours après, elle en avait parlé à ses parents, qui voulaient me voir. C'est ainsi qu'après les classes, on est allées chez elle. En arrivant, il n'y avait pas de parents: ils devaient rentrer après leur travail. Elle m'expliqua que mes parents n'avaient pas le droit de me battre, de me toucher, et elle posait des questions idiotes du genre:

«Est-ce que ça laisse des marques? Est-ce que ça fait vraiment très mal quand...? Est-ce que tu cries? Est-ce qu'il prend des ceintures, un fouet, ou il fait ça avec ses mains?»

Bon, alors là, je faisais mon intéressante devant sa curiosité:

«Des fois, des fois il prend une cuillère, des fois ses mains, mais pas de fouet.»

J'avalai ma salive, le temps de bien observer la réaction:

«Si ça laisse des marques? Oui, tiens, regarde!»

Et là, je lui montrai mes fesses.

«Ayoye! Ça fait-tu mal?

— Là non, ça fait deux jours, alors ça ne fait plus mal beaucoup. Pas du tout, même.»

Et je tâtais pour bien lui faire comprendre. C'était comme si je lui expliquais la vie et elle écoutait les yeux ronds comme des trente sous.

«Tu dois crier fort!»

Mais j'avais mon orgueil:

«Non, pas trop!»

Dans le fond, je criais beaucoup, quoique, avec le temps, j'étais rendue bonne. Je criais beaucoup moins et j'avais même réussi à trouver un truc. Je vous donne le secret: il faut durcir les fesses. Comme ça, ça fait moins mal, ça pince juste un peu, et au bonhomme, s'il tape avec ses mains, ça lui fait mal un peu. Lui aussi, ça lui pince, mais il faut faire attention, il faut alterner, des fois durcir les fesses, des fois les laisser normales parce que, si ça lui fait trop mal, il va tout simplement chercher la cuillère de bois, ou pire, celle de plastique, et ça, t'as beau durcir, ça fait mal!

Maintenant, la petite Monique m'estimait beaucoup. Je n'étais plus juste une négresse dont les gens s'amusaient en classe; non, j'étais une négresse battue. Ce n'était plus pareil! Du moins, ça semblait tout changer.

«Y ont pas l'droit! répéta Monique en me tirant une chaise à la cuisine. Si on appelait la police pour leur demander?

— Bonne idée!

— Ils diront peut-être quoi faire?»

On appela donc les flics:

«Bonjour, est-ce que je parle à une police?

— Oui, on peut vous aider?»

Oh là là, il m'avait appelée *vous*! Trop gentil, merci!

«Oui, est-ce que les parents ont le droit de taper (oups! de battre) leur enfant?

— Pourquoi, vous avez des problèmes?

— Non, mais est-ce qu'ils ont le droit? avais-je répété avec plus d'insistance.

Je voulais savoir et, quelque part en moi, je savais qu'il allait me répondre: *Oui*.

«Non, ils n'ont pas le droit. Mais si vous avez des problèmes, faut....

— Non, non, on n'a pas de problèmes.

— Alors, pourquoi cette question?

— Pour un travail à l'université que nous faisons. Merci.»

Et je raccrochai avec empressement.

La suite, c'est que les parents de Monique sont rentrés, qu'ils ont discuté un peu avec moi, mais qu'ils semblaient vouloir m'aider sans s'en mêler trop. Ils m'ont dit d'appeler mes parents, de leur donner l'adresse et qu'ils étaient pour en parler à mon père.

Rien de ça n'eut lieu. Mon père est venu, n'a pas voulu entrer chez eux et a exigé que je rentre à la maison. Je suis rentrée, il savait de quoi on voulait lui parler, parce que dès mon arrivée chez Monique j'avais téléphoné à maman au travail pour ne pas qu'elle s'inquiète et je lui avais expliqué un peu, sans trop lui en dire pour ne pas causer trop de problèmes à Monique et ses parents, et pour ne pas manger une autre volée.

En arrivant, j'ai mangé une volée, surtout quand j'ai dit à Bertrand que j'avais appelé la police et qu'elle me l'avait dit qu'il n'avait pas le droit. Papa s'est intéressé sur le coup à mon histoire et a posé un tas de questions, à savoir si j'avais donné des noms, si j'avais laissé un numéro de téléphone ou des renseignements qui pouvaient permettre aux policiers de le joindre et de le mettre en prison. «*Non!* Non! Non!» fut ma seule réponse à toute sa série de questions qui n'avaient qu'un seul but, vérifier s'il était dans la merde. Après, il est sorti de la maison. Il avait besoin d'air, comme il a dit.

Maman est venue dans ma chambre m'expliquer pourquoi on me battait. Bertrand avait été élevé à coups de pied dans le cul et il croyait que c'était une bonne méthode, et on attendait de moi que je comprenne ça, bon!

Quelle histoire (et le pire, c'est que c'est vrai)! Demander à une fillette de huit ans qu'elle entende raison et qu'elle accepte que son père la batte parce qu'il croyait que c'était bon, et que c'est tout ce qu'il savait du métier de parent. Ma mère alla jusqu'à dire que c'était mieux que l'indifférence, que c'était la preuve évidente qu'il m'aimait. Donc, s'il ne m'avait pas battue, il ne m'aurait pas aimée.

Un suicide aux aspirines et au spaghetti (*suite*)

J'essayais donc d'être polie et de manger ce fameux spaghetti, mais tout ça m'avait coupé l'appétit. Et papa revint à la cuisine plus furieux encore.

«Ma petite crisse, tu ne toucheras pas ton père, certain!»

Et c'était reparti de plus belle. Il me propulsa hors de ma chaise. J'atterris dans le milieu de la cuisine près d'un comptoir, à côté de la poubelle, et il me battit avec ses mains. Il battait et battait encore, et j'avais droit à toutes les insultes. Je ressemblais à un chien qui vient de faire pipi sur une moquette à cinq mille dollars et que l'on corrige à coups de journal. Mais c'était pire, moi, même si c'était tout comme: je n'étais pas un chien.

Au bout d'un bon moment, maman se leva de table et cria:

«Ça suffit, là, Bertrand. C'est assez!»

C'était la première fois qu'elle intervenait dans ce genre de bagarres qui avaient lieu quand même assez souvent. Je ne sais pas pourquoi *cette* fois elle avait réagi. J'allais l'apprendre par la suite. Mon père et elle, ce n'était pas fortiche. À ce moment, je n'en savais rien.

Quand il eut cessé de me battre, il m'ordonna:

«Va manger astheure, écoute ta mère!»

Elle n'avait pas dit ça du tout. Je me suis d'abord rendue à la salle de bains. J'étais dans un état lamentable, les cheveux en broussaille. Mon discret maquillage de fillette avait coulé le long de mes joues, mes larmes le faisant fondre, et mon chemisier était tout froissé. Des plaques rouges marquaient mes bras et mon visage. J'avais mal à la tête. Je tentai donc de me remettre en état, et pour mon mal de tête, je pris deux aspirines. Je remis le contenant format familial à sa place dans la pharmacie, et c'est alors que je me suis rappelée que papa avait déjà dit qu'une petite fille de la Gaspésie était

morte d'avoir trop pris d'aspirine. Je rouvris la pharmacie et pris un verre d'eau, et hop! c'était parti!

Quelle tête il allait faire et quel soulagement pour
moi! Adieu, vie merdique! Adieu malheureuse vie!
Qu'est-ce qu'il va faire maintenant? Il ne pourra plus se
défouler sur moi.

J'avais pris presque toute la boîte, pas toute parce qu'il
fallait en laisser, ne pas être trop égoïste. Il y a des limites à
vouloir se tuer et, après tout ce que j'avais déjà pris! Déjà
que le goût de l'aspirine, ce n'est pas trop fameux.

«Criss, qu'est-ce que tu fais dans la salle de bains?
Tu sors-tu de là, tu vas être en retard!

— J'arrive!» que je lui répondis, d'un ton pas très
habituel.

Là, j'allais mourir, plus rien ne pouvait m'atteindre.
Je m'assis à table.

«Mange!

— J'ai pas faim!

— Mange, j'te dis!»

Merde! Je me mis à manger à une vitesse fou-
droyante, avalant tout d'un coup.

C'est ma mère qui m'a accompagnée à l'arrêt d'autobus. Autobus qui allait m'emmener au collège Bourget. Mon père était resté à la maison. Il me souhaita,
avant que la porte de la maison ne se ferme, bonne
chance en guise d'au revoir.

«Toi aussi», lui répondis-je d'un ton qui m'était
habituel.

J'allais mourir. Juste le plaisir de savoir que, comme
ça, il ne me battrait plus et que jamais je ne le reverrais.
Quelle joie!

Mon père était resté à la maison et je n'en étais pas
fâchée du tout.

Durant le trajet jusqu'au rond-point Décarie (c'est là
que l'autobus du collège passait), on ne parla pas. Il n'y
avait rien à dire.

Le voyage Montréal-Rigaud n'a pas été très agréable. J'avais les oreilles qui sifflaient, le cœur qui battait tout drôlement. Puis, un gros malaise général s'installa. C'était l'enfer, et le spaghetti qui me donnait mal au cœur! Je savais la cause de tous ces malaises et je les acceptais, mais quand allait-on arriver? C'était bien loin. J'avais besoin d'air, moi. Et avec tout le monde qu'il y avait dans cet autobus! «C'est quand qu'on arrive!» Et je ne connaissais personne, moi. «De l'air! C'est quand qu'on arrive?»

On a fini par arriver. Mais c'était juste la fin du trajet, pas celle des malaises. Mes oreilles bourdonnaient; j'aurais voulu qu'elles tombent, toutes les deux, pour en finir avec ces bourdonnements!

Ça a bourdonné comme ça toute la nuit. À un moment, je n'en pouvais vraiment plus (je trouvais la mort longue à venir, ça, je vous le dis). Je me suis levée. Ça faisait environ trente minutes que tout était éteint dans le dortoir (des filles). Je me suis levée et je suis allée voir la surveillante. Je lui ai dit que j'avais mal à la tête, aux oreilles et au cœur. Elle m'a demandé si j'étais allergique à l'aspirine, en m'en servant deux.

Je n'en revenais pas. Juste à les voir, je me rappelai leur goût. Et Dieu sait à quel point j'étais bien placée pour savoir ce que ça goûtait, l'aspirine. Et elle insistait: «Allez! prends ça et retourne te coucher, ça ira mieux.»

C'est à ce moment qu'on cogna à la porte. Ginette, la surveillante, s'éloigna de moi et alla répondre. C'était sœur Angèle, la surveillante des deuxièmes années de collège. J'en profitai pour jeter les deux aspirines au panier, boire un peu d'eau, et merci.

Évidemment, ça n'allait pas mieux pour moi. Rien n'était changé. Au bout de quinze minutes encore, j'arrivai dans le bureau de Ginette en pleurant. Je n'en pouvais tout simplement plus. «J'ai mal au cœur et aux oreilles.» Mon cœur battait à toute vitesse. «Bon, O.K., viens avec moi.» Sœur Angèle et Ginette se sont occupées de moi. 7-UP! et un gros bol de toilette! Le spaghetti et une bonne partie de l'aspirine sont ressortis. Et vive le 7-UP! Depuis, je n'en bois plus. Ça m'est resté, et l'aspirine je n'en ai jamais touché depuis non plus.

Cette semaine-là, je la passai à l'infirmerie du collège à récupérer. Les infirmières me posaient des questions auxquelles je répondais: «Je ne sais pas, je ne sais pas, je ne sais pas.» Elles essayaient de comprendre et de voir quel était le problème. Si elles avaient su... Mais elles n'ont jamais su!

Il n'y a que ma mère qui a su et mon père peut-être. Lui, j'ai été un bon mois et demi, si ce n'est pas plus, à ne pas lui adresser la parole et je sais qu'il en a souffert, mais pas assez. C'est ce que la suite des événements m'a fait comprendre. Encore aujourd'hui, il ose lever la main sur moi. Il la repose et ne me touche pas, mais le réflexe est encore là et le sera toujours. Et Dieu sait combien il n'a pas besoin de me toucher, le réflexe suffit à me faire mal. Je sais que vous pouvez comprendre cela, mais lui ne comprendra sûrement jamais, et même s'il comprenait, je ne sais pas si ça changerait quelque chose.

Au collège, tout le monde était loin de se douter de tout ça. J'avais mon petit standing. Je connaissais les bonnes manières et le snobisme était pour moi la meilleure arme pour éloigner les problèmes. Je me liai d'amitié avec Patricia, une danseuse de ballet classique, elle aussi (parce que depuis l'île Perrot, jamais je n'avais interrompu mes cours de ballet, que ce soit dans le Nord ou plus tard à Saint-Laurent). Qui se ressemble s'assemble. Deux petites ballerines ensemble. J'ai bien réussi ma première année de collège de secondaire I. Nous étions toutes les deux grandes et minces. On rigolait tout le temps. Elle aussi aimait bien le snobisme, peut-être pas pour les mêmes raisons que moi, mais ça nous faisait ça en commun de plus.

Mes tentatives de suicide

La première fois, j'avais douze ans. L'histoire des aspirines... La deuxième, c'était à quatorze ans; je m'étais couchée avec un gros couteau, dans une superbe robe de chambre de soie blanche et... une chandelle était allumée pas loin de mon lit. Tout le monde était couché dans la maison. On restait à Saint-Laurent, sur Biret. Je voulais m'enfoncer le couteau dans le ventre. Je le tenais à deux mains au-dessus de mon ventre. Mes deux mains sur le manche, la pointe à côté un peu en bas du sternum, j'attendais le courage... et la force de me l'enfoncer bien comme il faut. D'un coup... hop! mais le sommeil est venu bien avant le courage. Et je me suis endormie... La chandelle brûlait encore au matin, au petit matin! Je n'avais pas pris la peine de fermer les stores dans ma chambre, alors à cinq ou six heures, il faisait clair dans ma chambre.

Les stores ouverts, c'était beau à minuit, et avec l'événement que je préparais, c'était même idéal... les lumières du parc avec l'éclairage naturel de la Lune, et le ciel... à travers les stores horizontaux laissant entrer un doux éclairage... un éclairage pas hors contexte du tout. C'était très beau. Ça ajoutait au décor même. À cinq heures et demie, ce n'était plus beau du tout, j'étais fatiguée, je m'étais endormie tard, moi, avec tout ça. Je me suis levée péniblement, visiblement fatiguée, j'ai fermé les stores et soufflé sur la chandelle, caché le couteau, et hop sous les couvertures. Pourquoi j'ai caché le couteau? Pour ne pas faire capoter ma mère. Si elle m'avait vue! Elle aurait capoté, on se serait foutus de ma gueule, alors pas de chance à prendre.

Après ça, j'ai pensé au métro, mais je trouvais ça trop dégueulasse... Le pauvre monde qui vous ramasse après! Yark!

Et il y a aussi que je ne voulais pas être trop moche dans mon cercueil, alors... J'avais un souci maniaque de l'esthétique. Même qu'à l'histoire du couteau sur Biret je m'étais toute lavée, parfumée, bien coiffée, fin prête pour le salon mortuaire. Fin prête à recevoir mes invités au salon. Il me semblait que je devais laisser une bonne image. C'était important pour moi... alors suicide en métro, je n'y ai pas pensé très longtemps.

Après, il y a eu le téléphone. Il y avait une rumeur qui courait que si on est dans le bain et que le téléphone tombe dans l'eau, on meurt électrocuté. J'ai essayé, dans le Nord chez mon père, à Sainte-Marguerite. Ce n'est pas vrai, ça ne marche pas! Ça ne fait rien, rien du tout. On se sent juste con, parce qu'après il faut sécher le téléphone. Je l'ai séché, un bout à la serviette, un bout au séchoir, et j'ai souhaité que papa ne se rende compte de rien. Il aurait tellement gueulé: «T'es conne ou quoi? Ça va pas la tête?» Il se serait encouragé. Alors, il ne fallait pas qu'il s'en aperçoive. Il ne s'est rendu compte de rien.

Les poignets ouverts, là-dessus j'avais entendu qu'il fallait prendre un bain chaud, bien chaud, que c'était mieux, que ça détendait le corps et que, bon, c'était comme ça... J'ai essayé. Je traçai le chemin avec la lame. Deux lignes, deux petites lignes sur les poignets. Cela fait, je plaçai la lame sur mon poignet gauche, la tenant à deux doigts de la main droite... Mais quand le poignet gauche est ouvert, comment on fait pour ouvrir le droit? Ça saigne-tu beaucoup? Dis... ça fait-tu mal? Ah! puis non, je déposai la lame sur le bord du bain, je me frottai les deux poignets et je pris la savonnette, puis j'oubliai ça. Je ne voulais pas me détruire, je voulais mourir, tout doucement, sans violence. Mais entre nous, ce n'est pas évident tout de suite.

Au collège, il y avait Miguel qui s'était pendu. Il en avait eu du courage... Non... il avait été minable! Je l'avais trouvé tellement con. Et on en a parlé pendant deux semaines au collège. Après, tout le monde avait repris son petit train-train comme si de rien n'était.

Personne ne chercha à comprendre le cri du cœur qu'il avait lancé. Or ce n'était pas la peine de mourir pour autre chose que pour soi. Et puis non, je ne mourrais pas, ça arrangerait tout le monde. Et je ne pleurerais plus non plus. Ça ne vaut pas la peine de pleurer pour eux. Dans le fond, ils s'en foutent. Ce qu'il faut, c'est que je m'en foute, moi aussi. Que je fasse mon truc à moi, et merde pour le reste!

Mais pour faire mon truc à moi, il fallait que je puisse avoir un minimum de liberté. Quand j'y pense, je n'ai jamais voulu me suicider. Ça n'aurait pas été un suicide. Pour moi, il y a, oui, les suicides, mais il y a surtout des avortement tardifs!

Retour au collège

J'ai commencé mon secondaire II au Mont-Saint-Louis. Un collège où j'étais externe, cette fois. Maman et papa étaient plus ou moins divorcés, séparés. Je dis «plus ou moins» parce que chaque deux mois ça changeait. Lui, papa, revenait ou repartait avec ses valises chaque deux mois. Un vrai jeu d'enfant que je trouvais très ridicule, qu'il m'était impossible de comprendre. Ou vous êtes ensemble ou vous ne l'êtes pas. C'est quoi l'idée? Décidez-vous! C'est agaçant à la fin de ne pas savoir! Et nous autres, les flos, là-dedans, qu'est-ce qu'on fait de nous? Je ne sais pas trop encore pourquoi c'était comme ça *on and off*. Ça a duré plus de quatre ans.

Au M.-S.-L., même si c'était bien pour les études, je n'aimais pas ça. En plus, je subissais les humeurs des parents à la maison. Après l'année de pensionnat, je n'étais plus habituée à être sous la surveillance des parents à longueur de semaine. Je voulais revenir à Bourget. Mes parents ont finalement cédé à ma demande étant donné mes résultats scolaires en chute libre. Ou je changeais d'école ou je coulais l'année.

Le retour au collège Bourget

Le retour au collège Bourget se fit en mai, et là c'était bizarre. Depuis que j'avais quitté la petite école, je n'étais plus victime de propos racistes. Je n'en étais pas fâchée! Mais là, c'était bizarre. Les gars étaient très courtois avec moi. Toujours prêts à me rendre service. Une vraie blague, ils étaient tous après moi; pas tous, mais plus d'un, ce qui était quand même presque la foule si on compare au passé! Je ne comprenais vraiment pas. Ils étaient tous tombés sur la tête ou quoi?

«Tu es tellement belle, Sonia Pascale», me dit un jour Tristan Lafond.

Il me parlait à moi, c'était évident. J'avais reconnu mon nom, mais le reste de sa phrase, je ne comprenais vraiment pas. C'était une blague ou quoi? Moi, belle? Mais il déconnait, ce mec! Je ne suis pas belle. On me l'avait assez répété: une mulâtre, une négresse, une comme moi, c'est pas beau. J'étais peut-être gentille, mais belle? Fallait pas trop pousser, hein!

Et les filles me faisaient des jalousies! Tu parles! Ce que les gens changent en un an! Moi, je n'avais pas changé, alors c'était quoi, là?

Les regards se détournaient sur mon passage et en ville, dans le métro, quand je rentrais à la maison avec mes bagages du collège, *même chose! Les gens se tordaient* le cou pour me voir, moi, la négresse du Nord. *Come on!* Mais après un temps, on s'y habitue, on apprécie même. On ne comprend pas plus, mais ce n'est pas tout à fait désagréable. Ça a même des avantages. Un de ces avantages fut Charles Lasource qui, quelques années plus tard, me donna une merveilleuse enfant, ma fille Émilie-Jo.

Charles, c'était le gros luxe. Pour une négresse du Nord, c'était un miracle. Beau blond, pas trop de boutons, du secondaire III, membre de l'équipe de foot. Wow! On niaise plus. C'est du sérieux.

Oh là là... ce qu'on a pu s'aimer tous les deux.
Notre histoire d'amour a commencé à mon retour au
pensionnat de Bourget en mai 1983.

Charles, dès mon retour, s'était lié d'amitié avec
moi. Bon copain. Moi, je m'étais fait un petit copain, un
petit *chum*, Nicolas Lapierre. Il était très beau. J'aimais
bien Charles aussi. Mais Charles? On a beau rêver, il y a
des limites. Après deux semaines, je quittai formelle-
ment Nicolas, pour une connerie sans doute, une histoire
de jeunes. Je ne sais pas trop, j'ai oublié. Mais je n'ai pas
oublié que Charles avait l'air bien heureux de la nouvelle. Il mit moins de deux jours pour m'expliquer, tout
charmeur qu'il était, combien je lui plaisais et tout, et
tout. Il avait la parole facile. Que seize ans et, déjà, il savait comment éveiller la femme en moi, en moi qui
n'avais que quatorze ans.

Je l'aimais, je l'aimais, je l'aimais!

Puis vint la fin des classes, à la grande joie de tous
les élèves. Les cours terminés, les vacances commen-
çaient.

Vive les vacances!

«Vive les vacances! Au diable les pénitences! On met
l'école au feu et les profs au milieu...» C'était le délire, les
au revoir aussi; on se quittait pour deux mois. Tous les
élèves étaient émus! Certains même pleuraient de devoir
quitter leurs copains. On venait de partout à Bourget:
Hull, Québec, Montréal, les Laurentides, Ottawa... et
tous les villages environnants. Bourget, c'est comme
une grande famille. Alors, c'était triste un peu de se
quitter...

Certains allaient voyager avec leurs parents pendant les vacances, d'autres aideraient leurs parents à la
ferme. Pour d'autres, c'était autre chose... Chacun ses
trucs, chacun de son côté. Moi, je partais deux à trois

semaines dans une colonie de vacances, le camp Richelieu Quatre Saisons, et Charles, lui, allait à Saint-Donat au chalet de ses parents. On promit de se voir, de se téléphoner, de s'écrire. On s'aimait tellement! On s'aimait comme s'aiment les enfants de cet âge quand ils s'aiment vraiment, avec tout le romantisme et le puritanisme que ça implique. On s'aimait. Amour avec un effroyable grand, très grand A.

Juillet. Je suis partie au camp (deux semaines). J'écrivais à Charles par l'intermédiaire de mon journal, et ce à tous les jours. Je m'installais sur la plage, dans un canot, près du feu, le soir ou le jour. Je m'arrangeais pour trouver un temps et j'écrivais. Je l'aimais tellement!

Il représentait pour moi le bon vivant. J'avais mis toute ma confiance en lui. Je l'aimais parce que j'avais confiance en lui. Il m'avait dit un jour: «Sonia Pascale, quand tu auras besoin de moi je serai *toujours* là.» Et Dieu sait combien ses paroles m'avaient fait pleurer. Je n'avais jamais connu une telle sécurité. Ce n'était pas le Prince charmant, c'était mieux encore. Mieux, beaucoup mieux!

Je flottais de bonheur. Papa avait beau me gronder avec ou sans raison, maman pouvait faire tout ce qu'elle voulait avec moi, avec les autres, le ciel aurait pu tomber, j'étais heureuse et rien ni personne n'y pouvait quoi que ce soit. C'était l'heureuse réalité.

Je me foutais même d'avoir été la négresse du Nord ou de l'île Perrot, il m'aimait et tous ces gens ne pouvaient désormais rien contre moi. Il m'aimait. Que pouvais-je espérer de plus? Ça me comblait. Ça me rendait invincible. J'aurais pu déplacer des montagnes! Bon Dieu que j'étais heureuse!

Je pleurais parfois le soir dans ma chambre... en pensant à lui, à nous. Comme un trop-plein de bonheur. Je parlais à ma défunte grand-mère (elle nous avait quittés trois ans plus tôt, nous étions très proches elle et moi) et c'est elle qui me consolait. Je l'imaginais en train de me caresser la tête et de me dire tout doucement: «Ça va aller... C'est fini... Ça va aller... Pleure pas... Oui, ma chérie... ça va aller... Voyons... Voyons...» et cela jusqu'à ce que je sois consolée, épuisée, puis je m'endormais.

À la maison, maman s'était fait un nouveau *chum*. Un avocat. Olivier Bérard. Très gentil, très maniéré, très délicat. Pas brusque du tout, tout le contraire de papa. Olivier avait un fils, Marc-Alexandre, du même âge que Jean-Thomas. Ils s'entendaient bien tous les deux (ce qui m'arrangeait beaucoup).

Papa, lui, de son côté, se laissait aller. Il souffrait de la séparation, c'était évident. Il fumait en quantité industrielle. Il maigrissait et travaillait trop. Comme un nègre! Il avait des copines. Rien de très sérieux. On les voyait défiler l'une après l'autre, de la poule de luxe à la sportive décontractée. C'était tout un numéro!

Depuis la séparation, il ne m'avait pas touchée. Il y avait ça de bon! C'est vrai que l'histoire des aspirines, ça lui avait coûté. J'avais été un bon bout de temps après ça à ne pas lui adresser la parole, assez longtemps pour qu'il sente ma souffrance. Il l'a sentie et ça l'a calmé un peu. Il y a aussi que, bon, je n'avais aucune raison de l'aimer. Il n'avait jusqu'à ce jour rien fait pour aider dans ce sens. Il essayait de se rendre aimable, tout bonnement, et ça lui réussissait bien et à moi aussi. On s'arrangeait bien.

À mon retour du camp, il m'arrivait de faire des séjours chez Charles. Tantôt, papa m'accompagnait chez lui au chalet et, le soir, il me ramenait à la maison. Tantôt, j'allais y passer trois ou quatre jours. On était si bien chez lui. Ses parents étaient très décontractés, son père surtout. Sa mère était gentille, mais un peu hystérique sur les bords. Elle réagissait drôlement à certaines choses. Charles m'avait expliqué qu'une fois, au chalet, Sam et Joseph (ses parents) s'étaient disputés, que Sam avait bu beaucoup et Joseph, qui n'aimait pas beaucoup les scènes (à ne pas confondre avec *la* scène: il était comédien), lui avait dit:

«Va donc te coucher à place de dire des conneries, t'as trop bu.»

Elle avait répondu:

«O.K. Où elles sont mes clés de voiture? On va voir si j'ai trop bu!»

Il aurait alors pris les clés et lui aurait dit:

«Non. Tu ne sors pas d'ici. T'es incapable de conduire; dans ton état, on ne conduit pas.»

Fâchée, elle l'aurait menacé, s'il ne lui donnait pas les clés…

«Sinon quoi?» avait-il enchaîné, assis tout calme devant la télé.

Alors, furieuse, elle aurait sorti les bouteilles du bar et les aurait cassées une à une sur le bord du comptoir de la cuisine en hurlant:

«Tu me donnes mes clés?»

Après un bon nombre de bouteilles cassées, il lui aurait donné les clés et elle se serait couchée en laissant le fiasco ou serait partie. Je ne me souviens plus très bien de la fin de l'histoire…

Mais Charles avait l'air encore choqué par cet événement en le racontant. Ça n'avait pas dû être drôle. Il y avait des parents pires que les miens! Eh! que je n'avais pas hâte de devenir grande, adulte, et de faire des conneries pareilles! Ça semblait inévitable presque.

On se comprenait, Charles et moi. Du moins, je comprenais très bien quand il me parlait des scènes de ménage chez lui.

Le respect

Puis, un jour que j'étais au chalet, Sam apostropha Charles de son ton autoritaire:

«Toi, tu viens ici!»

Oh là là! je me demandais ce qu'il avait fait qui pouvait être si grave. Ils s'enfermèrent dans le solarium.

«La porte!»

(Elle lui demandait de fermer la porte.) Il la ferma. On l'entendait crier, parler fort. Elle n'avait pas l'air joyeux, trop trop.

Katherine et moi, on échangeait des regards (Katherine, c'est la sœur cadette de Charles). Troublées, on n'arrivait pas à saisir ce qu'elle disait. Étant donné notre bonne éducation, on retenait notre envie de tendre l'oreille pour mieux comprendre ou du moins nous donner une chance de déchiffrer ce qu'elle disait.

Après un bon moment, trop long à mon goût, la porte du solarium s'ouvrit. Oh! Charles sortit, pâle un peu, mais en un morceau. Il me fit signe de le suivre et on descendit au sous-sol, où se trouvait sa chambre.

On s'est installés, allongés sur son lit, et il m'a serrée très fort. Il me serrait, me relâchait, et puis me serrait encore. Au début, ses étreintes étaient violentes, ce qui m'empêchait de respirer. Je me sentais toute coincée, mais je ne disais rien. Je souriais, espérant qu'il parle enfin.

Puis, il se retourna sur le dos. Je déposai ma tête sur son épaule, lui caressant de ma main gauche le torse. Après quelques dizaines de soupirs, il ouvrit enfin la bouche:

«Elle veut que je te respecte», furent ses premiers mots.

«Que je te respecte», qu'est-ce qu'elle voulait dire par là? M'avait-il à mon insu manqué de respect?

«Elle ne m'a jamais parlé ainsi pour aucune fille que j'ai amenée à la maison.»

Je souris, ne sachant comment réagir. Je n'y comprenais rien, moi. Ça me semblait louche, tout ça! Puis, il s'est tourné vers moi comme pour me rassurer. Il me reconfirma son amour pour moi. Quelle idée! Je ne ressentais pas le besoin qu'il me rassure. Il m'aimait, je le savais, il me l'avait déjà dit une fois, peut-être même deux ou trois fois. J'avais compris, je savais. Il l'avait dit et semblait sincère. Je le croyais, moi.

«J't'aime, tu sais, Pascale. Tu sais que j't'aime, hein?
— Oui, Charles, je le sais! Et j't'aime aussi.»

Mes quelques mots eurent pour résultat de le soulager. Les choses redevenaient normales.

Mais je n'avais toujours pas compris pourquoi elle voulait qu'il me respecte, et encore moins compris ce qu'elle voulait dire par là! J'étais plutôt fâchée de toute cette histoire, moi. Je n'aimais pas du tout qu'on crie après lui. Surtout pour une connerie de respect! Ça ne la regardait même pas. Qu'on nous fiche la paix! Mais je n'ai rien dit de ça, à part:

«Je n'aime pas ça, moi, qu'elle crie comme ça après toi!» de mon petit ton de gamine.

Il me serra encore et sourit. Il m'avait trouvée mignonne et avait probablement raison. Je devais l'être. Mais, entre nous, je ne demandais pas son respect. Je n'en avais strictement rien à foutre. Je voulais plus son amour. Et je l'avais. Donc le respect... Elle lui aurait parlé d'amour que j'aurais compris.

On a vite essuyé cette histoire. À la campagne, il faisait bon vivre. Le chalet faisait face à un superbe lac, le lac Ouareau. Les journées étaient calmes. Charles faisait de la planche à voile, moi je me dorais au soleil, ou encore je m'occupais de son petit frère (j'ai oublié son nom, c'est bête...). Lui et moi, on allait dans les bois cueillir des framboises sauvages qu'on ramenait à la maison où, bien fièrement, il montrait son petit pot rempli de fruits sauvages à sa mère:

«Nous les mangerons ce soir au dessert», lui disait-elle en me lançant un bref sourire.

Elle m'intimidait, cette dame. Je ne la comprenais pas. C'était comme une gentille sorcière. Mais pourquoi elle était gentille avec moi? Je ne le savais pas. Mais je savais qu'elle avait ses raisons et de ne pas les connaître, ces fameuses raisons, ça me tracassait. Elle n'était pas le genre de personne à donner sans but précis. Elle attendait donc quelque chose de moi ou bien m'utilisait dans un but que j'ignorais. Mais il y avait quelque chose de louche. Même Charles avait senti ça. Je n'ai jamais su ce que c'était. Sacrée bonne femme.

Un souper pigmenté

L'heure du repas était arrivée. Tout le monde se passa le message. Charles rangea sa planche à voile, ne prévoyant pas retourner en faire après le souper. Je l'attendais, toute contente de le revoir; il avait quand même été parti deux heures sur le lac, deux heures qui m'avaient semblé une éternité…

Un tendre baiser et hop, on prend la porte d'entrée du sous-sol. Il se trempait les pieds dans un petit bol d'eau rectangulaire qui était juste assez grand pour qu'on y trempe un pied à la fois. Le petit bol était placé juste à côté de la porte, côté extérieur, collé sur la maison pour qu'on s'y nettoie les pieds des grains de sable de la plage pour ne pas «infester» la maison. Brillant! Utile! Fallait y penser. Je regardai Charles avec tendresse et mon regard l'accompagna dans ses moindres gestes.

«C'est quoi, ça?»

Je m'accroupis à côté de lui déposant ma main sur ses orteils. Il avait des drôles d'orteils.

«Ça?»

Je fis signe que oui, attendant dans la même position sa réponse. Il s'accroupit à son tour.

«Ça, c'est des orteils.»

Je souris, sachant pertinemment qu'il se foutait de ma gueule. Il poursuivit:

«Des orteils palmés. Dans la famille, c'est comme ça chez les hommes.

— Pas les filles?

— Non, que les hommes. Aux orteils et aux mains, mais aux mains, on m'a opéré, et aux orteils ça change rien, donc on a laissé.

Si ça avait été tous les orteils, on aurait sûrement opéré aussi, mais (si on part du gros orteil) seulement le troisième et le deuxième étaient soudés. Curieux, mais c'était comme ça. On s'activa un peu, le repas était sûrement servi.

Au souper, il y avait Joseph, le père, Sam, la mère, les deux petits frères et Katherine, la sœur, puis Charlo et moi bien entendu. On servit le souper avec le vin blanc. Comme chez moi. Chez moi, à chaque souper et même au dîner, il y avait du vin. C'était comme une religion pour papa. Un souper sans vin, ce n'était pas un souper. Je leur expliquai cela, puis j'enchaînai avec les framboises, qu'il était bien de prendre les framboises dans le vin blanc. Du moins, chez nous, maman, quand on avait des framboises, les servait comme ça. Ça faisait changement.

L'idée plut à Sam, elle se leva sur-le-champ et revint de la cuisine avec le pot de framboises. Chacun en prit et on en laissa pour les petits, afin qu'ils les apprêtent avec de la crème et du sucre pour leur dessert. Tout le monde aimait bien ça, et la dernière gorgée est toujours la meilleure, on mange les framboises! Et le repas se poursuivit. Tout le monde donnait son avis sur mon idée, sur nos habitudes (chez nous). Ils avaient déjà le goût de rencontrer mes parents; ils aimaient le vin aux framboises, ils voulaient en savoir plus sur eux.

Joseph était au théâtre d'été. Il y présentait une pièce (à Saint-Donat) avec Sébastien Auger (comédien gentil et homme très généreux) qui était aussi le voisin de Charlo, au chalet. Joseph et lui semblaient être de bons copains. Sam faisait partie de la troupe aussi. Elle n'était pas seulement une grande avocate mais aussi une très bonne comédienne. Sur scène, elle était tellement belle, méconnaissable!

Joseph invita mon père à venir voir la pièce à Saint-Donat par mon intermédiaire. Il lança son invitation, je promis de faire le message. On était de la famille maintenant.

Mon père allait enfin connaître mes beaux-parents. Je souhaitais la bonne entente entre Joseph et papa. Je souhaitais même plus que de la bonne entente entre eux deux. L'invitation lancée, Sam, me sentant plus à l'aise, me demanda… me posa *la* question:

«D'où tu tiens ton beau bronzage?

— Pardon?»

Je fis semblant de ne pas avoir compris, pour gagner du temps, pour prendre sur moi, pour réfléchir, pour savoir quoi répondre, pour prier une espèce de génie, pour me donner le temps d'inventer une réponse, mais j'avais beau chercher, je ne trouvais pas. Elle répéta sa question: plus directe, plus clairement formulée. Là, je n'avais pas le choix, il me fallait répondre. Merde! j'ouvris la bouche sans même savoir ce que j'étais pour dire.

«Ben heu… Je sais pas trop, c'est mon grand-père qui était mulâtre…»

Mon malaise était évident. Elle aurait pu se satisfaire de cette réponse, mais non, elle insistait:

«Ton grand-père? De quel côté, du côté de ta mère ou de ton père?»

Je n'osais la regarder. J'aurais donné n'importe quoi pour que quelqu'un, quelque chose détourne leur attention, mais non, ils étaient tous là à écouter, silencieux, attentifs. Ils avaient tous envie de savoir, et mon malaise ne piquait que davantage leur curiosité.

Je n'avais plus le choix. Il me fallait répondre. Je me sentais clouée sur le banc des accusés. Accusée de quoi? vous me direz. Accusée de faire mon intéressante, accusée de leur faire perdre leur temps, coupable de ne pas savoir.

«Je ne sais pas trop! On parle jamais de ça à la maison. C'est un sujet qu'on évite, même. Je ne sais pas pourquoi, mais c'est comme ça…

— Tu ne poses jamais de questions? Ce serait quand même intéressant de savoir.»

Intéressant? À qui le dites-vous! Et le repas reprit. Presque comme si rien ne venait de se passer.

J'avais eu l'air d'une belle conne. Même pas foutue de savoir d'où me venait ce bronzage. C'était bien la dernière fois que je ne répondais rien que la vérité. J'appris qu'il valait mieux répondre n'importe quoi, mais quelque chose. Que ce soit Haïti, Martinique, Barbade, Jamaïque, Sénégal, Cameroun, Zaïre, les gens s'en fichent! Ils veulent une réponse. Et quel que soit le coin de pays que tu leur donnes, ils répondront:

«Ah! c'est un beau pays ça! Y fait chaud par là.»

C'est du pareil au même. Entre nous, c'est pareil.

Le petit teint bronzé

J'ai invité mon père au théâtre, comme Joseph m'avait demandé de le faire. J'étais fière de mon beau-père, de Charles surtout. On serait au théâtre la semaine suivante. Papa allait rarement au théâtre. Ça lui faisait changement, et il avait été flatté de l'invitation. Il trouvait que ce serait l'occasion idéale d'en savoir davantage sur les parents du petit ami de sa fille, avantage que ma mère, qui était avec Olivier cet été-là, n'a pas eu. De toute façon, je crois que ça ne l'intéressait pas. Je dis ça tout à fait gratuitement, mais c'est ce que je crois.

La pièce, un peu rigolote, nous avait détendus, papa et moi, c'était bien. Sam est venue nous retrouver à notre table par la suite et nous a offert des boissons. Les présentations se firent en bonne et due forme. Mais ils s'étaient déjà croisés ces deux-là, mais jamais véritablement parlé! C'était l'occasion.

«Bonsoir, dit Sam.

— Bonsoir.

— Vous avez aimé?

— Oui, c'était très bien. Une pièce de qui?

— Barbeau!

— Ah!...»

Il ne s'y connaissait vraiment pas, mais avec l'air d'homme d'affaires qui ne le quittait jamais, ça laissait supposer que peut-être il connaissait.

«Vous avez une jolie fille. Gentille aussi.»

Je rougis, ne sachant quoi faire d'autre.

«Mais son petit teint bronzé, ça lui vient d'où? Elle me dit que...»

Elle était tenace, la belle-mère! *Merde!* Du coup, je me penchai à l'oreille de mon père et lui racontai en bref l'événement du souper, coupant ainsi la parole à Sam. Cela fait, je m'éclipsai vers les toilettes des dames. Je voulais tout, sauf voir le massacre. Qu'est-ce qu'il allait lui répondre?

Je pris tout mon temps aux toilettes, rien ne pressait! Puis je revins à la table. Je ne pouvais quand même pas laisser mon père seul trop longtemps, et dans les toilettes, enfermée, j'avais l'air de quoi? Une gamine! Bon, du courage, faut aller voir ce qui se passe chez les parents.

À la table, papa était tout seul, la vieille sorcière l'avait cuisiné et, selon moi, il mijotait.

«Ça va, papa?

— Oui, c'est fini. Est-ce qu'on s'en va?

— Attends de voir Joseph!

— Il est tard et il faut rentrer.

— Papa... *please*, attends un peu, il va sortir bientôt.»

Joseph était au démaquillage.

«Pis!

— Pis quoi?

— Qu'est-ce que t'as répondu à Sam?

— Que, bon...»

Il me marmonna quelque chose avec un air tout à fait désinvolte. Ça ne lui ressemblait pas. De toute évidence, il était contrarié. Barbade fut ma provenance. C'était la première fois que je venais de là.

«Barbade?

— Oui. Ta mère t'a pas dit?»

Non, elle m'en avait conté des histoires, mais Barbade jamais!

Joseph finit par sortir de la loge. Les salutations furent brèves. «Bonsoir, félicitations, on doit partir, à la prochaine», et on rentra chez nous. Chez mon père, à Sainte-Marguerite Station, plus précisément.

Papa n'avait pas l'air content. C'était à cause de Sam, elle posait trop de questions et insistait trop pour savoir, comme si elle faisait une enquête. Et sur quelque chose d'aussi tabou, du moins chez nous. Elle ne pouvait pas savoir, mais le malaise qu'elle soulevait, ça, elle le sentait bien. Et ça ne l'avait pas arrêtée, bien au contraire. Elle est comme ça, Sam. Elle est dure et n'a pas peur des gestes et encore moins des mots. Elle fait peur à tout le monde.

Je la détestais et je l'admirais en même temps. Tout un numéro, cette Samantha Mitchell. Le cœur aussi dur qu'une pierre, du moins c'est tout ce qu'elle laisse percevoir.

Joseph et Sam se séparèrent dans les années qui suivirent. Dans la famille de Joseph, l'opinion est unanime: Sam est une folle.

Pour vous expliquer un peu mieux le profil familial de Charles et de sa famille: Joseph avait épousé une femme dont j'ignore le nom et avec qui il avait eu deux enfants: Charles et Katherine. Il s'était ensuite remarié avec Sam parce que sa première femme était morte dans un accident ou je ne sais trop. Il s'était remarié et, du coup, Sam devenait la nouvelle maman Lasource! La mère de Charlie et Katou, pas tout à fait, mais presque. Et de ce deuxième mariage il est né deux autres enfants, deux garçons!

Le mardi 21 janvier 1991, 12 h 15

Aujourd'hui, je reste à la maison avec Émilie. Écriture, ménage, dessin, lavage. Voilà notre horaire. Là elle entre dans le bain. On vient de bouffer. Muffins anglais et œufs. C'était bien gentil, bien simple, on adore ça, nous, les muffins anglais. Je lui ai passé mon goût. Moi j'aime ça depuis toujours, les muffins anglais.

Si c'est ça l'amour?

Pour la famille de Charles, c'est à peu près ça. Après l'histoire au théâtre à Saint-Donat, après les questions que Sam avait posées à mon père, Sam ne m'en reparla plus, ni de près ni de loin. Je ne savais pas si c'était bon ou mauvais signe, mais c'était comme ça. Charlie et moi, on continuait à s'aimer, le reste n'avait pas de réelle importance.

Maman et Olivier avaient loué un chalet pour l'été à Val-Morin. Avec l'accord de maman, je pus inviter Charles à venir y passer quelques jours. Il accepta l'invitation! Ce serait différent de chez lui, où c'était très *open*. Chez nous, c'était «strict», *straight*, différent.

Charles n'était pas très à l'aise. Il me faisait moins ouvertement la cour. Ma mère nous regardait aller, nous chaperonnait. On faisait aussi lit à part, chambre à part: lui, sur le sofa du salon, moi, en haut dans ma chambre. On n'avait pas l'habitude. Chez lui, on dormait toujours ensemble. Mais je n'étais pas stupide, je ne voulais pas le perdre. Ma mère me l'avait fait comprendre: «Tu couches avec et c'est fini!» Il aurait eu ce qu'il voulait et hop, j'étais pour voir ses feux arrière. Trop peu pour moi. Ce soir-là, maman et Olivier étaient couchés depuis peu, je sortais les draps pour Charles. Cela fait, on s'installa sur le sofa. Enfin seuls! Ce n'était pas trop tôt. Charles avait l'air préoccupé.

«Ça va?»

Il me regarda et sourit, sans répondre. Ça n'allait pas.

«Je sais, c'est plate, on ne couche pas ensemble.

— Est-ce qu'on va coucher ensemble un jour?»

Là, je n'étais pas sûre d'avoir bien compris.

«Qu'est-ce que tu veux dire?»

Allait-il préciser ou arrêter ça là?

«Viens, viens plus près de moi.»

J'obéis, je lui faisais confiance. Il m'a caressée d'une façon nouvelle. Là, allongés sur le sofa, ce n'était pas moche du tout. C'était différent. Je ne l'avais jamais vu comme ça, il se promenait sur mon corps et il respirait drôlement, et il se promenait encore et encore, tout doucement. À un moment, il a mis sa main dans ma culotte. Oups!

«Voyons! qu'est-ce que tu fais là?

— Si tu m'aimes, laisse-moi faire.»

Ah bon! Si je l'aimais, je devais le laisser faire. Je l'aimais, alors il fallait le laisser faire. Il m'entra un doigt. Hirck! J'étais toute raide. C'était plutôt désagréable, son truc. Pourquoi il me faisait ça? C'était con un peu, non? Puis, il me poussait là-dedans… il essayait de tout le faire entrer, mais ça ne marchait pas. Puis, à un moment, je me sentis toute faible, tout étourdie, toute mal.

«Charles, arrête ça…»

Il me regarde, j'étais toute pâle.

«Ça va pas?

— Non, je ne sais pas, je me sens étourdie. Puis, j'ai mal au cœur.»

Il alla me chercher quelque chose à boire, un verre d'eau. Je ne me sentais vraiment pas bien. J'essayais de me lever, mais rien à faire, ça tournait, j'étais toute faible. Je me sentais comme une poupée de chiffon. Il me jusqu'à ma chambre, m'installa dans mon lit sous les couvertures.

«Ça va mieux maintenant?»

Il était tout inquiet, le mignon petit.

«Oui, un peu, mais pourquoi t'as mis ton doigt là?

— Si on veut faire l'amour un jour comme des vrais amoureux, il faut commencer par là.»

Il m'expliqua en détail qu'il fallait que ça agrandisse assez pour que son pénis puisse entrer et il me le montra.

«Ça, entrer là-dedans? Ah! ah! ah! ça ne marchera pas.

— Oui, ça va marcher, tu vas voir...»

J'avais confiance en lui et il semblait s'y connaître, alors... J'avais compris que c'était dur au début, mais qu'on finirait par y arriver. Je doutais quand même un peu. Mais il promit de faire attention, de ne pas me faire trop mal, et il répéta qu'il m'aimait... Je souris.

«Moi aussi, je t'aime Charles. Et un jour on fera l'amour comme de vrais amoureux.

— Et un jour, on va se marier et avoir des enfants...

— Ils vont être beaux, nos enfants, blonds, mulâtres, aux yeux bleu-gris! Les beaux gars que ça va donner!

— En premier, une fille, elle va être superbelle...

— Non, un garçon.

— Une fille, blonde, bronzée, aux yeux bleus.

— Un garçon, il va être...

— Une fille!...

On s'obstinait comme ça, en rigolant. Mais l'un ou l'autre, on aurait de beaux enfants. Finalement, c'est lui qui a eu raison. Trois ans plus tard, j'accouchais d'une petite fille même si, pendant toute ma grossesse, à l'échographie, le médecin avait dit que ce serait un garçon.

La première fois

La première fois, ce fut chez lui. Dans le Nord. J'étais venue passer trois ou quatre jours. Dans la journée, il me l'a demandé alors que j'étais dans la cuisine à préparer des sandwichs pour le dîner, pour lui et moi. Il me regardait faire nos sandwichs trois étages (il aimait bien cela), mais semblait préoccupé. Cette fois, je ne posai pas de question. C'est lui qui, alors, se décida:

«Pascale est-ce qu'on va faire l'amour un jour ou non?»

Il ne s'était rien passé depuis la fin de semaine chez Olivier. On n'en avait pas reparlé et, oui, je me faisais distante:

«Je ne sais pas! Pourquoi?»

Je m'affairais tout doucement.

«Tu veux de la laitue dans ton sandwich?»

Je ne lui rendais pas la tâche facile.

«Oui, mais Pascale, réponds-moi, je veux savoir!

— Peut-être.»

Un immense sourire s'installa sur son visage. Oh! comme il était content... «Il y a encore de l'espoir», se disait-il, sans doute.

«Je t'aime, Pascale. Sonia Pascale, je t'aime. Mademoiselle Parizeau, vous m'êtes une perturbation. Mademoiselle Parizeau, je vous aime.»

Ce qu'il pouvait me faire rougir quand il la disait celle-là: «Vous m'êtes une perturbation». Ça voulait dire qu'il m'aimait bien. «Mademoiselle Parizeau, vous m'êtes une perturbation.»

J'avais presque oublié qu'il me parlait comme ça. Lui aussi, je crois qu'il a oublié!

«N'est-ce pas qu'on s'aimait, Charles? Tu vois, c'est loin dans mes souvenirs, mais je me souviens. Une mémoire infaillible presque. Je t'aimais tellement que je t'aime encore au passé et quand même je t'aime encore.»

Après avoir mangé notre sandwich, on est retournés au sous-sol griller une cigarette, installés sur son lit avec nos verres d'eau. On avait un rituel avec le verre d'eau. On remplissait deux verres d'eau, un pour boire, l'autre pour s'amuser. «S'amuser», je vous l'explique: on déposait les deux verres d'eau sur la table de nuit, placée tout près de notre lit, un dans lequel on buvait, l'autre pour la cigarette. On s'amusait à secouer nos cigarettes (la cendre) dans l'eau de ce deuxième verre. On la regardait tomber, et une fois la cigarette toute grillée, on l'éteignait en la déposant dans l'eau et on la laissait tomber tout doucement. L'eau changeait de couleur après un bout. Elle devenait brun caca. Nous, on trouvait ça aussi dégueulasse qu'amusant. C'était comme des mini-expériences qu'on faisait, des expériences sans but, sans conclusion, juste pour le plaisir, comme ça.

«Tu te souviens de nos verres d'eau, Charles, t'en souviens-tu?»

Ce soir-là, on s'était couchés tôt. Très tôt. On savait tous les deux ce qui se préparait (lui plus que moi). On discuta longuement, puis il éteignit et se réinstalla. Nos yeux purent vite s'habituer à la noirceur, on finit par s'y retrouver. Mais là, on n'osait plus bouger, on était figés, enlacés l'un dans l'autre, figés.

«Pascaaale? Est-ce que…

— Oui.

— Quoi?

— Oui, c'est O.K. Tu peux…»

C'était parti, et je regrettais déjà. «Charles, non, non… ça ne me tente plus…» Je ne pouvais pas lui dire ça, même si, même si… Il se serait fâché drôlement. Je me sentais dégueulasse. Toute…

«T'es belle, Pascale, t'es belle.»

«Tu trouves ça beau?» Non, je ne pouvais pas dire ça non plus. Bon Dieu de bon Dieu! c'était pour durer longtemps... Ça ne dura pas longtemps. Il ne me pénétra pas complètement, et ça y était. Cinq minutes qui m'avaient semblé une vie entière, un siècle même.

«Pascale, tu me fais revivre. Comme si c'était la première fois pour moi aussi.»

Restons *cool*, c'était fini!

«C'était avec qui la première fois?

— Avec une fille, on était...»

Et il raconta, l'air de rien. L'air de rien, mais je n'en avais rien à foutre, moi, je ne savais même pas pourquoi j'avais posé la question, ce n'était pas mon genre. Jamais on parlait, jamais on avait parlé de ça, des autres filles. Merde! Merde! Merde! Je n'en pouvais plus de l'entendre. Je me suis levée sèchement, j'ai enfilé mon pantalon vert émeraude, un pull, et hop sur la plage.

J'ai pris des cailloux au bord du lac et les ai lancés dans le lac le plus loin possible, avec toute l'agressivité que contenait mon cœur, et je pleurais. Ça y est! Il a eu ce qu'il voulait! Je n'étais plus rien, il ne m'aimerait plus, *c'était fini*! Fini, n-i ni! Fini.

Ce que je pouvais m'en vouloir! J'aurais voulu disparaître. Ne jamais l'avoir connu. Quelle pétasse je faisais, quelle conne, quelle minable! Bonne pour les poubelles maintenant, une idiote, une vraie idiote. *La reine*, la reine des pétasses, des idiotes, des connasses, des minables. Et l'autre, l'autre, il l'avait plaquée combien de temps après? Hein? Il disait qu'il ne l'aimait pas, et que moi, c'était mieux encore parce qu'il m'aimait et quoi encore! Ces salauds, ça disait n'importe quoi, et en quoi je serais différente d'elle, moi? hein? En quoi? Vous pouvez me dire: «En rien du tout.» C'était du baratin, son truc. Ils sont comme ça, maman me l'avait dit et je constatais! Bof! c'était bien bon pour moi! J'avais juste à ne pas coucher avec. Il fallait assumer les conséquences de ses gestes. Allons, courage!

Le mercredi 22 janvier 1991

Aujourd'hui, c'est la gale. Je ne peux plus faire comme si de rien n'était. Il n'y a rien à bouffer, alors au diable l'orgueil. À huit heures, j'appelle mon père dans le Nord:

«Bonjour.

— Oui papa, ça va?

— Oui, toi?

— Non, je suis en train de mourir de faim. Je suis tellement faible que je ne peux rien faire. Je dors tout le temps, je suis trop faible.

— Mais qu'est-ce que tu as fait avec ton argent?

— Mon argent! Émilie et moi avons été malades une semaine, l'une après l'autre, la grippe. Deux semaines à trois repas par jour à la maison avec cent vingt dollars d'épicerie par mois. Quand elle va en garderie, c'est moins pire, elle dîne là-bas et elle a les collations. Alors bon, c'est moins pire, mais là…

— O.K., appelle-moi au bureau à neuf heures!

— Merci! *Bye.*»

À neuf heures, il ne peut pas me parler.

Et à neuf heures et demie, il est en réunion. Il promet de m'appeler dans la demi-heure. Je ne sais pas trop s'il va rappeler. Et si oui, pour dire quoi? Que ça fait partie du contrat d'avoir un enfant. Que j'avais juste à ne pas être malade, ou peut-être qu'il va m'envoyer dix dollars par intercaisse en me disant qu'il ne peut pas me donner plus, qu'il est cassé ces temps-ci. Entre nous, même deux dollars aideraient. Entre nous, bien entre nous, je suis en bien minable état et la petite vient aux cinq minutes demander si, oui ou non, on va pouvoir faire l'épicerie, elle a faim!

Tantôt, elle s'est mise à faire le tour de la maison pour trouver des sous. Elle en a trouvé cinquante-sept.

«Maman, regarde ce que j'ai trouvé. Est-ce qu'on peut acheter du manger avec ça?

— Non, chérie, ça coûte plus cher que ça!

— Il en faut beaucoup, beaucoup, beaucoup plus de sous, maman?

— Oui, chérie, mais grand-papa va rappeler après son *meeting* et on verra s'il nous aide ou quoi. O.K.?

— O.K.

— Maintenant, laisse maman tranquille, O.K., j'suis toute molle, toute fatiguée, toute plate.

— O.K., moi j'vas écouter Le magicien d'Oz. O.K., maman, *bye*... Maman...

— Quoi?

— J't'aime.

— Moi aussi, j't'aime, mon amour.»

Je lui ai expliqué qu'on n'avait pas un rond, qu'on était pauvres.

«Comme Jésus, comme l'histoire de Jésus?»

Ils avaient dû lui raconter ça à la garderie.

«Oui, si tu veux, chérie, mais nous on s'aime, on est riches d'amour, on est quand même chanceuses, non?

— Ah oui, maman», qu'elle a répondu en se collant davantage. Elle comprend ça, on s'aime tellement.

Le jeudi 23 janvier 1991

Mon père m'a fait niaiser, pas foutu de me dire non, pas foutu de me dire oui, il a tout simplement pris la poudre d'escampette, le salaud!

Finalement, je me suis arrangée pour me trouver cinquante dollars. J'ai vendu mes chaises de cuisine à un ami d'un ami. Le moral n'est pas trop bon. Rien ne me réussit. J'ai l'impression que tout le monde se fout de ma gueule.

Mon père qui fout le camp en France sans rien dire. Même pas un message. L'école et ses têtes d'enterrement qui ne me disent plus rien du tout. Le *cash* qui va mal... la guerre dans le monde... qui a éclaté la semaine dernière. Émilie qui entre en classe en septembre, le magasinage des écoles à faire pour elle. Les expertises sanguines pour faire reconnaître Émilie en mars. Ouf! ma mère qui enquête dans mon dos pour savoir comment je vais. C'est la gloire, quoi!

Non... ça ne va pas! Surtout que, d'un autre côté, il y a les bons copains qui voudraient m'aider, mais qui, je le sais bien, ne peuvent rien pour moi. «Ça me passera», que j'leur dis. Quand? Ça, je ne sais pas!

La première fois (*suite*)

Dès le lendemain, j'allais appeler mon père et m'en aller. Comme ça, j'aurais moins l'impression que c'était lui qui me foutait là.

Je suis redescendue au sous-sol pour ne pas trop éveiller les soupçons et surtout les questions de Joseph (quoique Joseph était un être plutôt discret...). J'entrai dans la chambre, Charles était là, à moitié vêtu (il s'était levé, il avait enfilé un pantalon). Il se releva brusquement à mon arrivée. Je m'allongeai sur le lit voisin, sans dire un mot, lui faisant dos, face au mur.

«Je comprends», me dit-il.

Que pouvait-il bien comprendre?

«Je t'ai vue dehors!»

Merde! Comme il devait me trouver stupide. Je n'ai eu aucune retenue dehors, je ne croyais pas qu'on...

«Ah oui?

— Oui, tout ce que je peux te dire, c'est que j't'aime.»

Je lui faisais la gueule, tel fut son reproche. Il avait raison, je ne devais pas être de très agréable compagnie.

«Viens, viens ici que je te prenne dans mes bras.»

J'obéis, sans savoir pourquoi! Il me parla d'amour, du nôtre, de notre mariage… des enfants et, bon, trouvant le sujet intéressant à débattre, on s'obstina encore; moi, je voulais toujours un garçon et lui, une fille. Ainsi, ce soir-là, bien des choses avaient changé pour moi et pour lui. À partir de là, rien ne serait plus comme avant.

Le lendemain matin, je fis tout de même comme prévu. Mon père vint me chercher en début d'après-midi. Charles continuait de me parler d'amour; il sentait bien mon insécurité. Je me plaisais à le croire, j'avais de la difficulté, mais ça avait l'air vrai, il m'aimait encore, il m'aimait, point. Il tenait à faire de moi sa femme, la mère de ses enfants.

Je l'aimais tellement, mais je me sentais traquée, je n'arrivais pas à croire vraiment qu'il ne me laisserait pas tomber. Je n'étais pas différente des autres et j'en savais long sur le sujet. Ma mère m'avait prévenue. Je n'avais qu'à l'écouter en temps opportun. Quelle belle conne je faisais! Mais il disait que c'était moi, que moi, aujourd'hui et demain et toujours. Il avait dit «toujours».

La rentrée

C'est la rentrée, tout se passe bien, on s'aime fort-fort… mais ce que Jean-Yves a dit me tourne dans la tête. Des filles virevoltent autour de Charles, ça me rend malade, et je me dis: «Merde, Jean-Yves avait raison. Ça lui tente sûrement davantage d'aller vers ces filles que vers moi… et il est trop poli et ne veut pas, ou ne sait pas plutôt comment me le dire, alors il attend de trouver la manière…» Je me sentais soudain comme un fardeau pour lui. Finalement, je lui ai facilité la tâche, je l'ai laissé. Je l'ai libéré.

Le Lotus

Bof, au début ça semblait pire que c'était, une autre idée des parents... et plus ça allait, plus c'était intéressant. J'écoutais tout, tout, tout. Je vous jure que ça ne tombait pas dans l'oreille d'une sourde. J'étais là, et toute là. J'y ai appris une foule de trucs intéressants qui allaient avec ma façon de penser. C'était génial: eux, au Centre Lotus, ils me donnaient les mots pour exprimer des choses que je ne savais pas comment dire.

Ça arrive des fois comme ça. On voudrait dire quelque chose, mais pas moyen, ça ne sort pas. On est comme pogné en pain. Ça ne sort pas et plus on cherche, moins on trouve. Puis, tout à coup dans un livre, une chanson, on se dit... «Ouais, c'est en plein ça, c'est en plein ça que j'voulais dire. C'est comme ça que je me sentais.»

Ce qui est plate, c'est que souvent il est trop tard pour le dire, mais ce qui est le *fun*, c'est qu'une prochaine fois, si ça arrive, on saura quoi dire pour se faire comprendre de l'autre. Puis, il y a aussi que c'est le *fun* de savoir que quelqu'un d'autre avant nous s'est senti de même. Que ce soit l'amour, la haine démesurée, la tristesse ou la joie, c'est super. On réalise qu'on n'a peut-être pas été compris sur le coup, mais que le parolier, que l'écrivain, lui, l'avait vécu, l'avait compris. Ça donne comme un sentiment d'appartenance. «Bon, lui, il me comprend.» Puis, ça nous donne les outils pour plus tard.

On a juste à penser à Ginette Reno, Dalida, Lama, Piaf, Brel, Beau Dommage, Harmonium, Piché, et tous les autres de leur espèce. C'est presque un miracle, il y a tellement de courage dans leurs chansons. La musique, c'est la vie quand tout ce que tu as, c'est de l'amour déchu.

Soit, j'ai appris plein de choses utiles qui ont nui à mes rapports avec ma famille. La projection fut la chose majeure.

«Tu es ben égoïste!

— Je ne suis pas égoïste, maman, je ne veux pas y aller, je ne les connais même pas eux autres, puis ça va être plate.

— Justement, viens, tu vas les connaître.

— Non.

— Tu penses juste à toi, toi, toi, toujours toi.

— C'est-tu de la projection que tu fais là?»

Oups! en plein dans le mille! Et hop, j'en avais une sur la gueule. Clac! en guise de réponse. Suivi de quelques insultes: «T'es ben impolie.» «Tu m'parleras pas d'même.» «Ben, c'est ça, reste donc ici. De toute façon, tu sais pas vivre.» Peut-être pas, mais... j'allais apprendre, j'étais bien décidée. Bon Dieu que j'étais décidée!

J'étais belle, grande, forte, intelligente et jeune, alors rien, rien ne pouvait m'arrêter. Il fallait que je m'accroche à mes études (c'est ce que disait Antonio Tarantelli, un garçon que je voyais les fins de semaine au Centre de méditation Lotus) et le reste irait tout seul.

«Étudie, étudie, les études restent la réponse.»

Il était bien avec moi cet Antonio. Il faisait tout pour moi. Tout! Et que de gentillesses, de politesses, un vrai garde du corps. Souvent, il fallait travailler par deux au Lotus. Moi, je travaillais avec lui, toujours. Il n'était pas seulement hypergentil, il n'était pas con du tout et... beau, très beau. Pas blond (il était italien), mais beau. Très beau. Il me plaisait énormément. On travaillait ensemble. On pleurait et riait ensemble (c'est le genre d'endroit où l'on pleure et rit beaucoup, c'est émotif quoi!).

Antonio et la valeur de l'éducation

(Je ne rentre pas à la maison pour la première fois.)

Antonio... Tony, par son intérêt envers moi, a déclenché le processus «centre d'accueil». Un soir, il était venu me chercher après un atelier au Lotus, et on était sortis. Il voulait aller au resto et tout. C'était organisé d'avance, je savais qu'il venait me chercher. Veston, nœud papillon. Hyper *clean*. Bouquet de roses qu'il m'a donné, arrivé dans la belle bagnole sport rouge. C'était extra, une sport rouge. C'était pas un cheval blanc, mais pas loin. C'était vraiment tout comme.

Il voulait qu'on aille au resto, tout le *kit*... Je n'étais pas tellement vêtue pour les grandes occasions, mais on est partis, je l'ai suivi. Il m'a parlé du *Ritz*, et on y est allés... Superbouffe, la grande classe. Il dégustait toutes mes paroles. Il était là, assis devant moi, et tout ce que je disais l'amusait, le faisait rire ou sourire. Je lui ai raconté ma vie de collégienne standard au max. Rien de très excitant.

Il m'a parlé de l'importance des études. Ça lui tenait à cœur. Il me fit le *speech* complet. Mais là, ce n'était pas pareil... C'était agréable de l'entendre, lui, réciter le *speech* traditionnel. C'était sincère ce qu'il me disait. Il voulait vraiment que je le comprenne, et pas pour lui... mais bien pour moi. Et c'était super l'importance qu'il me donnait comme ça sans que je ne lui aie rien demandé. Bon Dieu que c'était super! Je pouvais être juste moi, et il me prenait comme ça, sans fla-fla. Génial! C'est tout ce dont je pouvais rêver. J'étais comblée. Je ne demandais rien d'autre. J'ai senti en moi l'appel de la vie. Si vous l'avez déjà senti, vous savez de quoi je parle.

Comme une sorte de révélation! Un gros *spotlight* qui vous éclaire le chemin qui mène vers l'amour. Le vrai. Chemin qu'on ne voudrait jamais perdre de vue. *Notre* chemin, car on en a tous un, qui est à nous, fait sur mesure pour nous. C'était comme une lumière. Bang! en plein visage! Qui dégage une chaleur, un sentiment de confort, de bien-être, de satisfaction et qui suscite l'espoir d'un demain... Qui nous dit: «Ma belle, tu as trouvé ta place! Ton chemin.»

Il m'a demandé si je voulais qu'il me raccompagne, le repas terminé ou si... Il ne termina pas sa phrase... et j'enchaînai avec un non tout simplement, et dans un regard, un sourire. On savait.

Il a loué une chambre, une suite superbe, avec de beaux lustres et tout, et on a bu du champagne. Légèrement, parce que je n'aime pas beaucoup le champagne... mais pour la forme, je trouvais ça bien. Et on a fait l'amour, il m'a fait essayer plein de trucs bizarres. Pas trop quand même. À un moment, il a compris que, bon, le traditionnel m'allait mieux. Il se promenait sur mon corps, il le connaissait tellement bien. Après un bon moment, il s'est allongé près de moi, il était comblé, et moi j'étais... je sentais le bonheur brut, j'étais à son apogée, à mon apogée. Dieu que j'étais bien!

Je vous ai menti un peu... Ce n'était pas au *Ritz* qu'on est allés bouffer... mais c'était tout comme. Et ce n'était pas au *Ritz* non plus qu'on a baisé, qu'on a fait l'amour. Mais c'était tout comme. Non, c'était mieux encore. Mieux, vous entendez! Mieux...

On aurait été sur la paille, dans une ferme, dehors dans un bâtiment de ferme pas chauffé... à -40 °C qu'on n'aurait pas eu froid. Il y avait assez de chaleur en nos cœurs pour réchauffer le monde entier, ou du moins une bonne partie.

Le lendemain, il s'est inquiété pour mes parents, il a insisté pour que je les appelle. Ce que je fis. Ils ont gueulé, et j'ai raccroché. Nous, ensuite, on est allés prendre le petit déjeuner. Il était mal à l'aise face à mes parents. Il était italien, arrivé depuis deux ans à peine, et la famille, c'est la famille. Il était désolé... il aurait tellement aimé leur plaire. Il m'a raccompagnée le dimanche chez moi. J'ai promis de lui téléphoner à mon retour de ma semaine au pensionnat, et je lui ai dit:

«Antonio... je t'aime tellement que j'aimerais passer toute ma vie avec toi.»

J'aurais voulu qu'il m'emmène loin, qu'il me sauve.

«On se mariera après tes études.

— J'étudierai! Salut!»

J'avais une de ces envies d'étudier! Comme ça! Ça m'avait pris. C'était devenu primordial.

J'entrai chez moi avec mes roses. Maman ouvrit la porte, visiblement soulagée de me voir de retour en un morceau. Elle savait que j'avais passé la nuit avec lui. Je ne voulais pas qu'elle le juge mal, il tenait tellement à l'approbation des parents, alors je lui ai dit:

«Maman, je l'aime et il m'aime, et après mes études on va se marier.»

Je lui apprenais ça comme une supernouvelle. C'en était une...

«Va-t'en dans ta chambre!»

Elle était furieuse. J'obéis... Eh oui! de retour à ma minable vie d'opprimée. Fin de l'histoire pour l'instant...

Les touchés

Au Lotus, il y avait toute sorte de monde trippant, des trippeux relax, des intello-granos, des masseurs, des tireuses de tarot, des astrologues, des pseudo-spirituels et des moins pseudos. Mais tout le monde était gentil. C'est ça qui était super!

Un soir, après un atelier, on était partis ensemble, une *gang*, se taper une petite bouffe végétarienne. Maman, papa, trois quatre copains du Lotus et moi. C'était bien. On est restés au resto, à discuter pendant des heures. Il y avait un des gars à table avec nous qui se disait masseur, et maman avait mal au dos, alors on l'a ramené avec nous. Maman lui a sorti des draps. Il faisait son campement dans le salon. Pas trop mal car notre sofa était hyperconfortable, avec plein de coussins...

Et après, il a massé maman. Elle s'est allongée sur le tapis du large passage (sur Biret toujours), elle a enlevé son chandail, et hop! c'était parti, il la massait. Ça avait l'air tellement agréable, maman faisait des petits ronronnements langoureux. On l'enviait, papa et moi. Je me suis alors accroupie à côté de cet excellent masseur et...

«Tu pourras m'en faire un à moi aussi après? lui demandai-je.

— Ouais, ouais, si tu veux. À Bertrand aussi, s'il veut bien.»

Papa refusa, protestant qu'il était assez tard. Papa est un peu macho sur les bords, voyez-vous, et se faire tripoter par un mec, ça l'aurait mis selon lui dans une position compromettante. Il était comme ça. Aujourd'hui, il est moins pire, ou pire, je ne saurais dire.

Le massage terminé, maman et papa nous laissèrent. Maman demanda d'éteindre la lumière du passage et de s'installer au salon, ce qu'on fit.

C'est alors que je me suis allongée sur le tapis. J'ai enlevé mon chandail, et hop! c'était parti, il me massait. C'était tellement agréable, mais les petits ronronnements, ce n'était pas mon truc à moi, alors je ne ronronnais pas, je dégustais. Et il me massait... Et à un moment, il s'est mis à ronronner. Il trippait vraiment. Et il massait mes flancs... Mes seins écrasés dépassaient un peu de chaque côté, et il respirait de plus en plus fort, et ses mains cherchaient mes seins. Sans protester, je les lui donnai en me soulevant légèrement et il les massait... drôlement bien.

«Retourne-toi, je vais te masser au complet.»

Sa voix tremblait...

Du coup, j'ai obéi. Quand j'étais sur le ventre, il était assis sur mes fesses, appuyé du moins, et là, il s'installa sur mes hanches et il massa. C'était drôlement agréable, ça faisait changement des coups de papa. Pas comparable, je vous dis. L'opposé carrément. C'était aussi agréable que les coups étaient désagréables. Et il revenait toujours sur mes seins… j'aurais voulu que ça ne cesse jamais, et lui ronronnait, respirait très fort. C'est fou comme il était concentré sur son truc. Je n'osais le regarder, j'avais peur de le déconcentrer et qu'il arrête. Alors, la tête sur le côté, je fermai les yeux et je dégustai.

À un moment, il s'est penché sur moi et il a pris mes seins dans sa bouche. Il continuait avec ses mains, c'était drôlement agréable, mais un peu envahissant. La seule chose désagréable, c'était son haleine et sa barbe. Je n'aimais pas non plus avoir son visage aussi près du mien. C'était un peu coinçant. Et là, il a éclaté, il est devenu brusque, il voulait m'enlever mon bas de pyjama. «Non, mais ça va pas, la tête?» que je lui ai dit. Il a semblé ne rien entendre, alors j'ai agrippé mon pantalon et j'ai répété.

Il a tout arrêté. Il s'est ressaisi et il m'a dit: «Je suis désolé, je ne sais pas ce qui m'a pris.» Il a insisté pour me prendre dans ses bras, il m'a tiré brusquement vers lui, et il me serrait, il se blottissait plutôt, me donnant aux trente secondes de petits baisers sur les seins. Il pleurait même. Qu'est-ce qu'il avait fait de si mal? Je ne sais pas, mais il s'en repentissait.

Je l'ai consolé du mieux que je pouvais, mais je n'avais pas la tête à ça. Je n'avais qu'une idée, retrouver ma chambre et dormir. Ça devenait trop tragique, son truc.

«Je veux aller dormir!»

Il m'en a donné la permission, et sur-le-champ je disparus. Et en moins de cinq minutes, je dormais. «Drôle d'aventure… Ouf! Faut pas chercher à comprendre.» Et je n'ai pas cherché à comprendre. Je n'avais jamais vu un garçon comme ça, jamais. Je me demande bien ce qu'il est devenu.

Le samedi 25 janvier 1993

À Noël, on donne et on reprend

Je me souviens d'un Noël à l'île Perrot... Toute la famille était là, et des cadeaux, j'en ai reçu en quantité industrielle. Ça paraissait bien aux yeux des autres, mais le lendemain ma mère me les avait tous repris. Je n'avais pas été assez obéissante la veille, qu'elle disait. Elle les avait tous repris le lendemain, après que je les eus tous déballés devant la famille, après que la parenté fut toute rentrée chacun chez elle. Et elle me les redonnait, un à un, selon son humeur, quand elle considérait que j'avais été gentille et que je méritais qu'elle me redonne ce qui m'appartenait déjà. Ils m'ont coûté très cher, ces cadeaux! Je les détestais, j'en étais venue à les détester tous autant qu'ils étaient; ils m'humiliaient.

«Bon... c'est du bon travail... ça mérite un cadeau.»

Oh! la gentille maman que j'avais! Je le prenais, elle me le tendait.

«Qu'est-ce qu'on dit?

— Merci maman.»

Je n'osais même pas la regarder dans les yeux. Je ne voulais qu'une chose, disparaître, ne pas être là, et elle insistait:

«Comment? Tu n'as pas l'air contente?»

Et là, c'était plus fort que moi, je faisais la grimace en lui disant:

«Bof... Ben non... mais...

— Criss, t'es jamais contente! Si tu le veux pas, laisse-le là!»

En me disant ça, elle m'empoignait le bras, me rentrait ses ongles dans la peau et me brassait la cage. Je me mettais à pleurer.

«T'es jamais contente! Il y a plein d'enfants qui ne peuvent même pas en avoir, puis toi... regarde comment tu réagis: ben heu...»

Elle m'imitait, puis, quand elle avait fini, enfin fini:
«Je peux-tu aller dans ma chambre?
— Ouais, tu peux aller dans ta chambre.»
Donc, je quittais la cuisine et m'éloignais vers ma chambre:
«Ton cadeau! me criait-elle.
— Je n'en veux pas!»
Elle me l'avait dit: «Si tu le veux pas, laisse-le là.» C'est bien ce qu'elle avait dit, non? Or je n'en voulais pas. Mais ça, elle avait oublié qu'elle l'avait dit. Elle s'enlignait à pas de géant, cadeau en main. Et moi, je courais vite à mon lit, le plus vite possible, et je me plaquais contre le mur. Bon Dieu, si j'avais pu, je serais passée au travers.
Elle était là qui gesticulait de tous bords, tous côtés.
«T'es une belle crisse de baveuse... Tiens, ton estie de cadeau!»
Puis, elle me le lançait par la tête. Moi, je me protégeais avec mes avant-bras pour ne pas le recevoir au visage, et elle persistait à me faire sentir comme une moins que rien. Elle gueulait et gueulait encore des fois jusqu'aux larmes. Elle criait tellement, et moi, j'essayais de lui dire...
«Mais maman, j'en veux pas... Tu m'as dit que...»
Ça l'exaspérait, donc j'arrêtais. Mais tout de même, elle me l'avait dit... Il n'y avait pas de quoi en faire une maladie.

Le jeudi 26 janvier 1989, 8 h

Je me suis réveillée avec ça sur le cœur, donc j'ai vidé le trop-plein. Et si je reviens à l'histoire d'Amie et des cadeaux, c'est que ça reste, ces choses-là. Je comprends très mal, trop mal, ma mère dans ce genre de comportement qu'elle pouvait avoir. Un jour, elle m'a même reproché jusqu'à mes gènes, proclamant que ce n'était pas dans l'éducation qu'elle m'avait donnée. Si j'étais aussi «tout croche», c'était à cause de mon père génétique, celui «d'Afrique, de Martinique, d'Haïti et finalement aux dernières nouvelles des Barbardes», celui qui «était mort dans un accident d'avion», puis non «celui qui avait une religion à plusieurs femmes» et que, bon, ma mère, ne pouvant accepter ça, avait laissé, «celui qui était retourné dans son pays» et finalement, aux dernières nouvelles, «celui qui est peut-être à Montréal», celui qui «l'avait *presque* violée».

J'en ai marre de toutes ces histoires. J'ai la vilaine impression que tout le monde essaie de me cacher tout, tout le temps. Je suppose que chacun a ses raisons, mais la vérité au grand jour, c'est-tu si laid que ça? C'est-tu ça le problème? Les gens, moi, je vais les accepter comme ils sont, avec leur vérité, pourvu qu'elle soit vraie! Le camouflage, ce n'est pas fatigant, ça? Ils n'en auront jamais marre à la fin? Des petites hypocrisies O.K., à la limite, mais des phénoménales tout le temps, pourquoi? Des fois même, quand l'évidence leur crève les yeux, ils ne veulent pas! Ils ne veulent pas. Ils nient encore! Faut le faire! Et même piégés, ils nient encore. Il n'y a que bien, très bien, piégés qu'ils osent dire la vérité. Sinon bof… on n'a que des parcelles ou moins que des parcelles de vérité. Et c'est bougrement dur de ne pas entrer dans le jeu, surtout que la vérité, eux, ça les estomaque, ça les cloue au mur, ça leur fait peur. Mais moi, c'est le mensonge qui me fait peur, qui me fait mal, qui me tue. Je ne comprends pas. Je ne comprends rien. Mais alors là *rien du tout!*

Le lundi 28 janvier 1991

La femme forte

Pourquoi Charles ne m'aide pas, lui, pourquoi? Je ne lui ai jamais rien demandé, mais là, je ne sais plus, moi, les inscriptions à l'école, les frais pour ci, les frais pour ça et l'organisation! Moi, j'ai toujours été nulle là-dedans, ce n'est pas mon truc, ou du moins je ne peux pas tout faire. À quelle école il veut qu'elle aille, sa fille? Comment il voit ça, lui? Une idée, un conseil, quelque chose, bon Dieu! Comme c'est parti, on se revoit en mars, fin mars, pour l'expertise sanguine. Émilie sera reconnue en avril, début avril, si tout est réglo. Mais bon Dieu, moi, c'est maintenant, que j'ai besoin de savoir!

J'ai besoin de discuter avec une autre personne de l'éducation de ma fille. J'ai besoin de discuter avec son père, Charles Lasource. Ce n'est pas sorcier ce que je demande! Il faut que je lui parle! À quelle école tu veux qu'elle aille, ta fille, Charles, à quelle école?… Mais dans le fond, même si je lui parlais, ça donnerait quoi? Il n'en a rien à foutre, il a la petite fille la plus adorable… du moins la réplique presque parfaite de nos rêves d'enfants, et non, monsieur, il n'est pas content, il n'en veut pas, il n'en veut plus. Est-ce qu'il a seulement le choix? Est-ce que je l'ai, moi? Elle est là, elle est là! Il n'y a pas de quoi philosopher pendant des heures.

Tout ça me dépasse. Ça me dépasse. Voilà, je l'aurai dit! Vous comprenez ça, vous? Moi, pas. Mais alors là, vraiment pas, et je me répète encore, mais je ne comprends rien. Rien du tout.

Et puis, il y a le frigo qui ne va pas, et il y a mes classes qui n'avancent pas. C'est normal, je n'y vais quasiment jamais, et il y a que je n'ai pas d'homme dans ma vie, donc pas de bras pour m'aimer, et il y a surtout que je suis fière et orgueilleuse et que je ne veux jamais laisser rien paraître. Je ne veux pas de pitié, donc on ne m'en fait pas. Je paie le gros prix, même si je n'ai pas un rond. Ah… ça ne paraît pas. Mais ce n'est pas moins dur pour autant. C'est pire même, je crois. Mais je ne peux pas m'humilier davantage. De l'humiliation, j'en ai vécu assez, il me semble. Il est grand temps que les choses changent.

Émilie leur a dit à la garderie ce matin qu'elle n'avait pas mangé au petit déjeuner. Elle a sûrement fait son gros possible pour ne rien dire, mais ça a été plus fort qu'elle, je suppose.

«J'ai faim… J'ai faim!»

Au début, ils ont cru qu'elle faisait des caprices, et puis ils ont tourné ça à la blague, qu'elle m'a dit, et ils ont fait en sorte qu'elle puisse attendre jusqu'au dîner. Et pendant ce temps, moi, qu'est-ce que je faisais, qu'est-ce que je foutais? J'étais à m'emmerder en classe de français en train d'essayer d'écrire une lettre de recommandation pour envoyer ma fille à l'école Face, lettre que l'institutrice a qualifiée de pompeuse.

Pompeuse, pourquoi? Parce que je vante tous les talents de ma fille? Normal, je veux qu'ils l'acceptent, moi, et de toute façon Émilie mérite tous ces compliments. Elle est comme ça, elle est bien. Lisez ma lettre: vous trouvez ça pompeux, vous?

Voici l'esquisse de mon enfant, Émilie-Jo Parizeau, comme demandé à la page 4.3:

Émilie-Jo est une enfant issue d'une famille monoparentale. Je suis donc la seule personne légalement responsable d'elle. Depuis sa naissance, nous avons beaucoup voyagé. Elle a donc développé une grande autonomie et elle sait ce qu'elle veut. Très débrouillarde, elle a aussi une grande facilité à s'exprimer verbalement. C'est une enfant d'une extrême sensibilité, ce qui la rend très facilement à l'écoute des autres et d'elle-même. Elle a une très grande volonté d'apprentissage, et malgré mes efforts pour combler ce besoin, j'avoue que parfois je ne pouvais pas toujours être à la hauteur de ce très grand besoin chez elle.

L'école Face nous a été recommandée par un travailleur social, ami de la famille, qui connaît bien la petite. Émilie-Jo ne serait pas à son aise dans une école dite conventionnelle. Elle a besoin de créativité.

Depuis sa naissance, elle côtoie les arts. Étant moi-même danseuse classique, elle a dès le plus bas âge été initiée à ce milieu. La musique est aussi une partie intégrante de sa vie. Elle est sportive, elle n'a pas peur de foncer, elle veut vivre et apprendre.

Elle a aussi besoin d'être vue et entendue. L'ignorance lui fait horreur. C'est une enfant avec un grand potentiel et elle a besoin de s'épanouir dans le meilleur contexte possible, qui est en l'occurrence votre école.

Émilie-Jo ne serait pas heureuse dans un milieu strict. Je suis sa mère et je souhaite le meilleur pour elle. Votre école coïncide avec l'éducation qu'elle a reçue et qu'elle continue de recevoir.

Si vous avez besoin de quelques autres renseignements, veuillez entrer en contact avec nous au numéro suivant…

Merci de votre collaboration.

Je n'allais quand même pas dire que c'est une enfant extra, bien que sa vie soit médiocre et que sa mère n'ait pas un rond, en plus d'être nulle. Mais dans le fond, je leur aurais dit que c'est un miracle ambulant et que c'est existentiel qu'elle aille à leur école des beaux-arts avec des élèves qui ont de la classe pour la rescaper de l'avenir qui l'attend, que non, on n'a pas les moyens de s'offrir une telle école, mais qu'on est orgueilleux et qu'on veut mieux que ce qu'on a, car dans notre cœur on *sait* qu'on le mérite mais que ce n'est pas donné. Ça paraît moins qu'on est extra, mais on ne l'est pas moins pour autant.

De Charles avec qui j'aimerais discuter de l'éducation de sa fille, je dirai une chose. Son père, c'est son père, mais il n'a pas été chouette. Rose, une amie à moi, et papa vous diront qu'il n'est pas à la hauteur de sa fille, qu'il ne mérite pas l'honneur, qu'il n'a été que géniteur, ni plus ni moins. Et ils ont raison. Mais ils ont aussi tort, pour ne pas dire tout à fait tort. Charles est le père de sa fille, et Émilie-Jo est la fille de son père, et ça personne *jamais* n'y changera rien. On peut dire qu'il ne mérite pas... Mais il est son père! On peut dire que ce n'est qu'un salaud, mais il *est* aussi son père! On peut dire qu'il ne sera jamais à la hauteur d'Émilie-Jo... On peut dire tout ça et plus, si on veut, pour le salir et éclairer ses attitudes médiocres, lâches et sales. Mais ça donne quoi, ça change quoi? Jamais personne ne l'enlèvera à lui ou à moi, cette petite. Elle ne nous appartient pas, c'est nous qui lui appartenons.

Ah... je peux me remarier. Je dis remarier comme si j'avais déjà été mariée à lui... Non! légalement, nous ne nous sommes jamais mariés, mais nos corps, oui, et nos cœurs, oui, et tout ce qui reste de notre amour aujourd'hui, c'est le meilleur de notre amour, c'est Émilie.

Je peux me remarier, ne pas chercher à ce qu'elle soit reconnue légalement, devant tous et chacun. Je pourrais même faire inscrire le nom de quelqu'un d'autre comme mon futur époux ou un *chum* futur, mais ça donnerait quoi? Je pourrais légalement désigner quelqu'un que je choisirais méticuleusement, avec la meilleure des intentions possibles, avec toutes les conditions idéales, mais, entre vous et moi, ça ne lui rendrait pas son père! Et ce ne sera jamais son père. Ce sera peut-être au mieux un grand ami, un bon ami, mais jamais *son* père. Elle l'aimera peut-être comme un père, et, lui, comme un père se doit d'aimer ses enfants. Mais jamais il ne deviendra son père. Son père, c'est Charles. On ne va pas chercher midi à quatorze heures. Mais il n'est pas là!

Il y a des mères qui disent à leur enfant, dans des conditions pareilles, et avec toutes les raisons du monde: «Ton père, c'est un salaud, il m'a plaquée parce que j'étais enceinte.» «Ton père, il n'y avait que le cul qui l'intéressait.» «Ton père... parlons-en de ton père.»

Vous voulez savoir ce que je lui dis, moi, à Émilie? Je lui dis: «Ton père, ma chérie, il t'aime, il t'aime très fort, autant que maman t'aime, peut-être plus même. Le seul problème avec ton père, c'est qu'il ne le sait pas. Mais il t'aime, ça c'est sûr.»

Et elle écoute, et elle sait que j'ai raison parce que je ne crois pas humainement possible qu'un père n'aime pas ses enfants, bâtards ou pas, voulus ou pas, gros ou maigres, malades ou en santé, intelligents ou cons, beaux ou laids… La nature, c'est la nature. Et ça, ni vous ni moi n'y pouvons rien changer.

«Maman… moi là, je le veux pas, ce papa-là… J'veux pas que Charles soit mon papa.»

«Je ne veux pas non plus», que j'aurais voulu lui répondre, mais je lui ai dit:

«On n'a pas le choix. Ma jolie, ton papa, c'est lui, et même si, même si… ton papa, ce sera toujours lui.»

Elle était peinée de ma réponse, embêtée. Elle aurait voulu entendre autre chose, elle aurait voulu… mais elle ne peut pas, et c'est super comme ça, parce que si ça n'était pas lui son papa, elle ne serait pas elle. Et quand je lui ai expliqué ça, elle a eu l'air rassurée… «Ouin…» Ça avait du bon.

«Ton papa et moi, ma chérie, on s'aimait fort-fort, tellement fort que ça a donné un bébé. Lui et moi, on ne s'aime plus beaucoup, mais le meilleur c'est toi.

— Bien moi… moi, maman, je l'aime pas, papa Charles. Il n'a pas été gentil avec toi», qu'elle m'a sorti un jour.

J'ai été saisie. Quoi répondre à ça? Voyons, il me fallait rester calme… mais j'étais outragée. Je suis restée calme. Je devais trouver quelque chose à dire, exactement ce que je pensais.

«Comment tu ne l'aimes pas? Je comprends pas. Il n'a pas été gentil avec moi… mais à toi, qu'est-ce qu'il t'a fait?»

Hou! là, elle était bien embêtée.

«Bah… je sais pas!»

Elle a haussé les épaules, visiblement emmerdée. Je comprenais qu'elle voulait prouver ainsi son lien avec moi. Je comprenais qu'elle n'aime pas comment il avait agi avec moi. Je comprenais qu'elle me disait dans le fond: «Maman, je n'aime pas ça, et je lui en veux de ce qu'il t'a fait, parce que moi je t'aime», et je lui laisse le droit de lui en vouloir, elle en a le droit. Je respecte ses sentiments, mais elle n'a pas le droit de ressentir à ma place.

«Qu'est-ce qu'il t'a fait à toi? Rien, rien du tout. Il n'a pas changé tes couches quand tu étais bébé et que ta couche était pleine… ça, c'est maman qui le faisait, oui! Mais il ne t'a jamais tapé les fesses non plus. Il ne t'a jamais rien donné, mais il ne t'a jamais rien enlevé non plus. Est-ce qu'il t'a déjà dit des méchancetés, des choses pas gentilles? Non! Jamais! Il ne t'a rien fait à toi, rien. Alors pourquoi? Pourquoi tu dis que tu ne l'aimes pas?»

Elle avait les yeux pleins d'eau, elle voulait me démontrer par sa solidarité combien elle m'aimait, mais je n'avais pas besoin de ça pour le savoir. Et je voulais que ce soit bien clair. Elle avait et a le droit d'aimer son père malgré tout ce qu'il a pu être! Un enfant a besoin d'aimer ses parents. Je voulais qu'elle sache qu'elle pouvait l'aimer tant qu'elle voulait, sous mon toit ou ailleurs. Qu'elle pouvait lui faire toute la place qu'elle voulait dans son cœur, petite ou grande. Je voulais qu'elle sache que ça, ça ne regardait qu'elle et son père. Il fallait qu'elle le sache, malgré… malgré que, moi, je le déteste son père et que jamais je ne pourrai lui pardonner l'humiliation, le mal qu'il m'a fait. Je n'ai jamais rien dit de tout ça, mais c'est là pareil, on n'oublie pas. Et même si je cherche à oublier, non… on n'oublie pas! Bah… ça fait moins mal avec le temps… Elle ne le sait pas et ne le saura peut-être jamais, sauf par l'intermédiaire de ce livre. Et qui sait, je ne l'aimerai peut-être qu'à travers elle, et ça, elle le saura. Mais s'il lui fait du mal, s'il ose, qu'il ose et là... là, je ne jure de rien. Mais bon Dieu, il regrettera, jamais il ne lui fera de mal. Je le souhaite d'abord pour elle, puis pour moi et pour lui.

Émilie, c'est mieux, mieux que vous, mieux que moi, mieux que tout pour moi. On la touche et c'est fini. S'il devait lui arriver malheur... Non, j'aime mieux ne pas parler de ça, ça risquerait d'attirer la poisse. Je l'ai prise dans mes bras, tout doucement. À gros câlins je la rassurais, puis je lui dis:

«Je t'aime, ma chérie... et c'est vrai... Charles... papa Charles... n'a pas été très gentil avec moi, mais... toi... il t'a... il t'a rien fait... S'il te fait quelque chose de pas gentil, O.K. Mais on sait pas... peut-être... peut-être qu'il sera très gentil avec toi... On sait pas, peut-être! Hein mon amour... on ne sait pas.»

Elle avait retrouvé le sourire, forcé un peu, mais quand même. Elle avait compris dans son cœur que ça, c'était *sa petite affaire*, qu'elle pouvait m'en parler mais que c'était sa petite affaire. Elle a aussi compris que je l'aimais encore plus qu'elle ne le croyait, et moi je le réalisais:

«Je t'aime, ma chérie... je t'aime gros... gros... gros...»

C'est moi qui larmoyais maintenant! Avec un tendre sourire, et c'est elle qui, maintenant, me serrait très fort dans ses petits bras pleins d'amour.

J'étais fière de moi. Une fois de plus... j'avais été à la hauteur. Super! Super-super! Hypersuper!

Le test sanguin

Nos regards se sont fixés juste au moment où l'infirmière venait enfin de trouver sa veine. Il avait les veines fuyantes, ça trahissait son air confiant. À ce moment, il a osé me regarder dans les yeux. Il avait un peu avant regardé mon bassin... mes jambes et mon bassin. J'ai cru voir chez lui l'envie de s'y appuyer la tête, de m'entourer de ses bras le bassin tout entier et se déposer la tête juste un peu en haut de ma boucle de ceinture, comme il faisait dans le temps quand il n'allait pas bien. Il se blottissait comme ça, contre moi, dans le temps. Dans le temps où l'amour et nos quinze ans nous donnaient toute permission de prendre et de se donner l'un à l'autre. Les temps ont bien changé, car il ne l'a pas fait.

Puis, quand nos regards se sont fixés... ça a duré au plus six secondes, mais j'ai vu dans ses yeux la même tendresse qu'autrefois je pouvais y lire.

Ils vont faire l'analyse de notre sang, à la petite, à moi et à lui, et on sera désormais à jamais unis. On l'était avant, mais là, ce n'est pas pareil. Ce sera en règle. Plus possible de nier quoi que ce soit.

Ouais, il y avait de la tendresse dans son regard, qui ressemblait à un appel, à un: «Tu es belle Pascale», à un: «Je t'aime» rempli d'amour, à un: «Comme je suis faible, comme tu es forte», à un: «J'ai eu raison de t'aimer.»

Il y avait de la honte, de l'admiration... Je lui plais encore, ça c'est sûr! Et autant je croyais que tout ça n'avait aucun rapport, aucun... ça en a, je le sais maintenant. *Well*, dans le fond, tout ce que je sais, c'est que je suis contente de lui plaire encore.

L'amour n'est pas mort. J'ai vu aussi la bague à son doigt, qu'il semblait porter fièrement, et puis finalement... plus le temps passait moins cette bague semblait avoir d'importance, et pour lui et pour moi, surtout pour moi, je dirais.

«*You are the sun you are the rain... every time that I see you I fall in love... again and again baby...*» Une chanson de Lionel Ritchie qu'il m'a fait écouter et réécouter plus d'une fois. Elle jouait encore dans ma tête, comme si, encore une fois, il me la dédiait.

Je ne sais pas ce qui va se passer avec nous. D'abord, il faut attendre les résultats. Si tout est en règle, je dis si, encore... je ne sais pas exactement pourquoi je dois le dire, mais s'il a acheté Jean-David Lachance, un ex-ami commun, pour un *affidavit* qui me causait du tort, quand on est passés devant le juge qui a commandé l'expertise sanguine, il aurait aussi bien pu acheter l'infirmière, que je me dis. Et s'il a fait ça, je jure devant Dieu que la Terre va trembler! Mais je me dis que non, là, c'est la fin, et que les résultats seront ce qu'ils seront, concluants.

J'ai appelé Joseph Lasource pour savoir si lui, il voulait avoir des contacts avec sa petite-fille. On ne lui avait pas posé la question, après tout:

«Bonjour, Joseph, c'est Sonia Pascale. Ça va?

— Oui, ça va.

— Écoute, Joseph, tu es au courant que Charles et moi sommes présentement en cour?

— Oui, oui.

— Je pensais à ça. On ne t'a jamais posé la question à toi. Toi, Joseph, est-ce que tu veux la voir ta petite-fille?

— Non.

— Non!

— Je considère que cet enfant n'aurait jamais dû venir au monde.»

J'aurais voulu lui arracher la tête.

«On n'en est plus là! L'enfant est déjà là et elle va nous enterrer toute la *gang*. Est-ce que tu es intéressé à la voir, oui ou non?

— Non, je ne suis pas intéressé...»

C'est notre bébé, Charles! Le bébé qu'on voulait pour quand on serait grands. Aime-la donc, fais-lui donc sa place... la place qui lui revient dans ton cœur. Ce n'est pas si compliqué. C'est naturel!

Ça m'a fait mal de passer ces tests-là. Je trouve ça tellement ridicule! Un gros cirque où tout le monde sait, mais fait comme s'il ne savait pas. Je ne voulais tellement pas en arriver là. Il faut avouer que c'est ridicule. Tout le monde sait qu'il est le père, lui, ses parents, moi, les miens, les amis, mon T.S. (travailleur social), les avocats. La preuve même physique suffirait à n'importe quel juge, et non... il faut quand même passer le test sanguin.

Les jeux de rôles

Émilie et moi, aujourd'hui, on a fait des jeux de rôles, et je lui ai parlé aussi du pouvoir des mots. Les jeux de rôles, c'était intéressant, elle a aimé et moi aussi. On se pratiquait pour plus tard. On faisait comme si elle avait huit ans et qu'elle arrivait avec un bulletin scolaire médiocre. Je la grondais. Elle promettait de se forcer à l'avenir, et tout et tout, et hop! elle faisait semblant d'étudier fort, fort...

Puis, on a fait la scène comme si elle avait douze ans et m'annonçait qu'elle avait un *chum*... me le présentait et tout. Elle partait ensuite au parc avec lui, et quand elle revenait, c'était fini, elle et son *chum*. Le début était *sweet* au max, elle était toute croche, toute gênée, et la scène du retour du parc était plus révélatrice pour moi. Elle arrivait toute fâchée...

«Ça va, Émilie?

— Non! C'est fini avec mon *chum*...»

Elle avait les poings fermés dur et faisait semblant de donner des coups sur la table de cuisine.

«T'es fâchée ou triste?

— J'suis fâchée! Fâchée, bon!

— Comment ça?

— Il m'a donné une tape au visage, et c'est fini. Je lui ai dit: «J'aime pas ça qu'on me donne des tapes, moi.»

— Et puis, qu'est-ce que tu as fait?

— J'suis partie… je lui ai dit: «C'est fini!»

— Tu y en as pas donné une, toi?

— Non, bon!

— Comment ça? Il te gifle, tu le gifles. Retourne le gifler!»

Elle est retournée, et hop, on a changé de scène.

Ça a été la scène de son père… J'étais son père, et elle venait me parler pour la première fois:

«Bonjour, papa.»

Et je me suis levée, et je suis partie, puis je me suis retournée et je lui ai dit:

«Peut-être qu'il va faire ça, on ne sait pas.»

Elle était tout interdite…, un peu triste aussi. Une telle réaction de sa part ne l'aurait pas surprise.

Et on recommença une prise deux de la scène, où il lui aurait parlé. Elle posait des questions sur sa femme, et je répondais avec une voix grave, le plus gentiment possible, essayant de forcer mon imaginaire, mais je n'étais pas trop dans la peau du personnage, alors on a vite changé de scène pour revenir dans la réalité. On a joué comme ça une bonne heure, pas loin. C'était bien. Elle a aimé et moi aussi.

Sur le pouvoir des mots, c'était plus sérieux. J'ai pris un livre, *Message de Graal*, au passage qui parle de la parole humaine, et je lui ai lu des petits bouts en arrêtant à chaque paragraphe, lui expliquant en mots plus simples, et elle comprenait. J'aidais à sa compréhension en lui donnant des images, des références qu'il lui était facile de visualiser, de situer. Ainsi, ça l'aidait à saisir, et elle saisissait. C'est bien car elle est plus consciente aujourd'hui qu'hier. Je lui ai parlé de Dieu aussi, et je continuerai. Dieu est si présent dans ma vie actuellement que je peux difficilement faire autrement.

Le vendredi 29 mars 1991

Bouffer chez les copains ou dormir

J'habitais sur Queen Mary. Seule, dans un trois-pièces et demie. Grande chambre à coucher, grand salon avec balcon, vue sur Queen Mary, petite salle de bains et minuscule cuisine.

J'étais installée là depuis le début de novembre. C'est un copain à moi, Tom Weber, qui payait le loyer, un superamoureux. Il payait le loyer et ça m'arrangeait drôlement. Moi, je n'avais aucun revenu. C'était gentil de sa part, mais il fallait encore que je mange, que je me lave, que je satisfasse mes besoins vitaux, laver mon linge, et tout... et pour ça, je ne pouvais demander à Tom Weber. Il se ruinait à payer le loyer de trois cent cinquante dollars, c'était en masse.

Je n'avais pas droit à l'aide sociale; j'étais mineure et, tant que l'enfant n'était pas né, rien à faire. Après, ça allait être autrement, mais là, rien. Jusqu'à la naissance. Je me suis démerdée comme j'ai pu. J'étais rarement chez moi. Toujours chez des copains où les parents remplissaient bien le frigo. Ça allait donc mais, comme on dit, «ça fait un temps, ça».

Je cherchai de l'aide chez mon père:

«Je ne paierai jamais pour le pain pis le beurre! T'as décidé d'avoir un enfant, t'es pus un bébé. Tu veux jouer à l'adulte, joue ton rôle jusqu'au bout, puis achale-moi pas avec tes problèmes d'argent.»

Qu'il était con! Il l'est encore, mais il me semble que là c'est moins pire... Bof! c'est peut-être tout simplement que je suis habituée. Je ne sais pas... tout ce que je sais, c'est qu'il est drôlement con d'avoir agi ainsi. Et ma mère, j'étais allergique, alors vous voyez... j'étais allergique et je le suis encore. De ce côté non plus, rien à faire!

Or, un jour que la faim me tiraillait, j'ai osé. J'ai appelé mon grand-père maternel, ce cher Samuel Simpson, mari de Raymonde, ma grand-mère adorée.

«Salut, grand-papa. Ça va?

— C'est qui qui parle?

— Sonia Pascale, la fille de Gisèle, ta petite-fille.»

Bon, il ne pouvait pas me reconnaître!

«Ah oui!»

Il n'avait pas l'air sûr...

«Ça va bien?»

Il reprenait de l'assurance. Peu, mais quand même...

«Non, pas tellement. Là je suis en appartement, enceinte de huit mois, vous allez être arrière-grand-père...

— Ah ouais... Gisèle m'a dit ça...

— Et puis là, eh bien... ça me gêne un peu de vous demander ça, mais j'aurais besoin d'un peu de sous.

— Ben heu... ta mère est-tu au courant que tu me demandes ça?»

Je ne voyais pas le rapport! Qu'est-ce que ça pouvait foutre qu'elle soit au courant ou pas? Quelle différence ça faisait pour lui, ça?

«Bien... non.

— C'est ça hein... ben j'aime mieux pas faire d'histoires. Parles-en à ta mère, puis, si elle veut, je t'en donnerai de l'argent.»

Parles-en à ta mère, parles-en à ta mère... Criss de tabarnack!

«O.K.! grand-papa, je lui en parle puis, si y a de quoi, je te rappelle...

— O.K.! Salut, là.»

Comme si j'allais en parler à ma mère! Comme s'il ne savait pas que ma mère et moi c'était comme chien et chat.

Ce n'est pas ça qui m'a fait manger un peu. Ça m'a coupé l'appétit. Médicalement, mon médecin trouvait que je maigrissais. C'était mauvais, mais je n'en suis pas

morte, et le bébé non plus. Quand je pouvais aller bouffer chez des copains, j'y allais, sinon je restais à la maison à dormir.

Et mes parents me trouvaient donc paresseuse. «Tu
ne fous rien!» Ils étaient bien placés pour parler! Le
père gagnait cent mille facilement par année, sans
compter les commissions, primes et tout le *kit* avec sa
compagnie, et ma connasse de mère faisait un minimum de trente à trente-cinq mille à son travail. Belle
histoire! Et ni l'un ni l'autre n'étaient foutus de sortir
un dix pour m'aider.

Et puis moi, déjà que ça prenait tout pour que je demande. Je n'étais pas habituée à ça, moi, me buter sur
un non! Ça faisait mal «en bébite», comme on dit.

J'étais enceinte, j'avais seize ans, en appartement.
Sans aucun revenu. Enceinte de huit mois. Huit mois,
sacrament!

Pourquoi n'ont-ils rien fait? Comprenez-vous?

En attendant l'accouchement

Finalement, j'ai survécu jusqu'à l'accouchement.

Il restait de moins en moins de papier cul. Ça a l'air
con, mais c'est fatigant quand tu n'as pas d'argent pour
en acheter. Et puis, c'est humiliant quand tu as des
amies qui viennent te dire bonjour et qu'à un moment
donné, elles te demandent où sont les toilettes. Tu les
leur indiques. Tu n'as pas le choix... elles ont envie, tu
ne peux pas les obliger à se retenir... ou à partir à cause
d'une envie de pisser. Tu as chaud... et tu attends la
question, et elle arrive.

«Pascale... il n'y a plus de papier hygiénique. Tu
veux-tu m'en apporter?»

Et puis là, tu fais l'innocente au maximum:

«Ah non? T'es pas sérieuse! Merde... je pense que je
n'en ai plus... Faut que j'aille faire l'épicerie...»

Tu fouilles toutes tes poches pour voir si tu n'as pas une serviette de table piquée dans un *McDo*... Eh bien, non, il n'y en a pas...

«Désolée.»

C'est tout ce qu'il y a à dire dans ces cas-là (du moins, c'est tout ce que j'ai trouvé à dire). La petite goutte de pipi finissait dans la petite ou grande culotte de l'amie.

Non! Non, ça ne finissait pas là. L'amie me regardait drôlement et jouait à la maman:

«Sonia Pascale, ça n'a pas d'allure, tu ne peux pas manquer de papier cul. Tu arrives bien trop juste!»

À qui le dis-tu!

«Il faut prévoir. Viens, on va faire une liste de tout ce dont tu as besoin!»

Tout, mais pas ça!

O.K.! disaient mes lèvres, pendant que ma tête et mon cœur souffraient le martyre. Elles étaient tellement loin de ma réalité, mes copines. Elles étaient comme moi avant, quand j'étais chez mes parents.

Et toutes mes petites copines et petits copains étaient convaincus que mes parents me donnaient de l'argent. Mais non, chers amis! Pas un sou! Je mourais de faim devant vous, et vous, pendant ce temps, vous me faisiez la morale sur mon manque de prévoyance.

Bon Dieu que c'était dur!

Le mardi 2 avril 1991

Je suis le dépotoir des bébelles

Tout sort de l'appartement. J'ai passé le mot. Rose, Claire, Martine, Dimitri... sont tous au courant. Ils doivent passer chercher des trucs cette semaine: vêtements, meubles, tous les trucs que je n'aime pas et qui ne me sont pas vitaux. Chez nous, il faut voir, c'est vraiment comme un garage. Toutes les cochonneries dont mes parents ne voulaient plus se retrouvent chez moi. Les cochonneries, cochonneries... parce que les autres, les pas trop cochonneries, soit qu'ils les donnent à des amis, soit qu'ils les vendent.

Et moi, j'en ai marre. Ça fait bientôt six ans que je suis embourbée dans leurs cochonneries qui ont une histoire si négative. Si lourde que, bon... je ne veux plus les voir, ça joue trop sur mon moral. Et je ne veux plus vivre, construire ma demeure sur les miettes que mes parents m'ont refilées. Alors, voilà, tout sort de l'appart. J'ai passé le mot.

Rose est venue chercher les vêtements dont je ne voulais plus, les jouets d'Émilie dont on se débarrassait. Émilie, c'est fou comme elle est saine! Donner les jouets, ça allait sans fla-fla ni dégâts. C'était d'accord, pas de cérémonies, mais pour les toutous, fallait la voir, la mignonne! Les au revoir, les baisers, les explications. Elle les rassurait un à un en leur expliquant la situation, que d'autres enfants étaient pour les recevoir et que Rose était pour venir les chercher pour les donner ensuite à d'autres enfants qui étaient pour bien prendre soin d'eux. Une vraie mère, fallait la voir! Elle a plein d'amour dans son cœur, la petite. J'espère... je ne peux pas dire ce que j'espère... il n'y a pas de mot, et s'il y en a un, je ne le connais pas encore. Moi, je connais plein de mots pour expliquer la souffrance. La douleur, la peur, je connais ça, et je connais bien des façons, bien de mots pour les exprimer, mais pas l'amour, le bonheur, la joie, les plaisirs, la confiance, la sérénité, etc. Le tout bien mélangé, y a-t-il un mot pour ça? C'est ce que je lui souhaite, et cela au carré multiplié par le produit mille fois.

Et si on devait lui faire du mal, si je devais la voir souffrir comme moi j'ai souffert, je crois que je la tuerais. Si! je la tuerais plutôt que de la voir souffrir ainsi. Je ne sais pas si vous pouvez comprendre, mais ce n'est pas grave. Si vous ne comprenez pas, vous comprendrez plus tard... un jour... peut-être ou peut-être pas, mais, que vous compreniez ou pas, ça ne change rien. On ne laisse pas les bêtes souffrir autant, alors pourquoi un être humain?

«Papa, j'en ai marre!»

En parlant de trucs pas normaux, pas humains, j'ai écrit une lettre à mon père, dimanche dernier. La voici... Je ne sais pas si je vais la lui envoyer. Peut-être que je suis mieux de la penser très, très fort dans mon cœur et qu'il l'entendra. Peut-être aussi que je perds mon temps. Je ne sais pas... Je verrai, j'ai le temps. J'ai vingt-deux ans. Mais voici la lettre que j'ai écrite à mon père le 31 mars 1991:

Papa,

Tu sais-tu ça fait combien de temps qu'on ne s'est pas vus, qu'on ne s'est pas assis à table ou ailleurs... le sais-tu? Ça fait quatre mois, quatre, quatre!

Ce n'est pas normal!

Tu sais-tu combien de fric tu fais par année? Le sais-tu? Sais-tu combien moi j'en fais? Disons que tu fais 100 000 $, disons. Moi, je ne fais même pas 15 $, j'en fais 10 200 $ exactement avec 3960 $ pour le loyer, 288 $ pour le téléphone sans compter les longues distances, 480 $ pour le chauffage, 420 $ pour le transport en commun, 240 $ d'électricité, totalisant 5388 $. Il reste 4368 $ soit 364 $ par mois, soit 84,65 $ par semaine pour les sorties, la bouffe, les vêtements, les cigarettes, les extra, tout quoi. Et tu ne m'aides pas, et on est deux, soit 42 $ chacune par semaine, et tu ne m'aides pas. Ce n'est pas normal!

Tu m'envoies chier, tu demandes réflexion quand je te parle d'un 110 $ pour l'école de ma fille, une très bonne école. Elle a eu la chance d'être acceptée. Ce n'est pas

normal! Et tu me mens, tu dis que tu m'as appelée. C'est
faux, et je le sais. Je ne suis pas folle, désolée, mais je ne
le suis pas. Tu n'appelles jamais, jamais tu nous invites.
Jamais tu t'inquiètes à savoir si on mange bien. Ce n'est
pas normal!

    Ça ne tourne pas rond. Je suis ta fille ou pas? C'est
ta petite-fille ou pas? Il faut répondre. Je veux savoir,
qu'est-ce que tu as contre moi, que me reproches-tu? Et
ne me sors pas le truc du «Tu es majeure», ça ne vaut
rien. Tu es mon père ou tu ne l'es pas. Et si tu es mon
père, sache qu'on ne cesse pas d'être parent quand les en-
fants ont 18 ans. Je t'appelle papa et je me demande si tu
mérites tous ces honneurs, alors il faut me dire.

    Quand tu es arrivé dans ma vie, j'avais 5 ans. Je ne
t'ai rien demandé, je ne voulais rien de toi. C'est toi qui as
voulu être mon père, et que je te dise papa. Et vu que tu as
épousé ma mère, j'étais coincée avec toi. Maintenant, c'est
toi qui es coincé avec moi. Tu as voulu être là, tu y es.
Maintenant, qu'est-ce que tu fais? Tu y restes ou tu pars?
Moi, je ne peux plus supporter. Ce n'est pas normal, et des
trucs pas normaux, j'en ai là! J'ai besoin de normalité.

    Tu me demandes de me prostituer pour profiter de toi,
de ton argent, de ta présence, de ton amour conditionnel.
Mais non, ce n'est pas normal! Tu m'as battue, tu m'as ra-
baissée plus souvent qu'à mon tour, c'est fini tout ça!

    Je n'en peux plus. Tu n'es pas parfait. Je suis la
mieux placée pour le savoir, à mon avis. Mais ce n'est
pas une raison, même si je t'aime, même si j'ai besoin de
toi, même si je te trouve supergénial dans d'autres ni-
veaux, même si, même si… pour te laisser me rabaisser
comme une bête. Je ne suis pas une bête à laquelle tu
donnes un morceau de biscuit pour la récompenser.
Non!

    Je meurs de faim pendant que, toi, tu t'engraisses,
ce n'est pas normal si tu es mon père. Non, ce n'est pas
normal!

Tu m'as donné un Beta à Noël, ton vieux Beta qui ne sert à rien. C'est quoi ça? Trop polie, je t'ai dit: «C'est pas grave», mais papa ça n'a pas de sens! Pour qui tu me prends, une poubelle? Ce n'est pas un garage chez moi, même si j'avoue que ça en a tout l'air. Non! Tu dois me respecter, tu dois respecter ce que je dis, ce que je fais et ce que je suis. La façon dont j'élève ma fille, tu dois la respecter. Tu respectes plus Roxanne qui n'est même pas ta femme que tes enfants, ce n'est pas normal!

Ça fait quatre mois! Quatre mois! Faudra changer.

Je suis venue à toi pour demander conseil quand mon copain me trompait, et tu m'as répondu: «Si tu ne le satisfais pas sexuellement, ne t'étonne pas.» Toi, tu m'as répondu ça, à ta propre fille. Ce n'est pas normal. J'avais 17 ans, papa, 17 ans. Et des comme ça, il y en a eu des tas. Je n'en peux plus!

Diras-tu la même chose à ma fille quand elle viendra te demander conseil et réconfort? Ce n'est pas normal, papa! Il faut changer!

Et si tu ne veux pas, parfait! Le jour où tu voudras, viens me voir, et on parlera. Michael m'a violée, mais c'est toi qui m'as violée. Qu'est-ce que tu veux? Ma mort? *Moi, tout ce que je veux, papa, c'est ton amour. Et l'amour n'est que gestes, témoignages d'amour. L'amour n'est que témoignages, rien d'autre.*

Témoigne, je ne peux plus rester là, silencieuse ou agitée, à subir ce manque d'amour que tu manifestes toujours. À 14 ans et depuis, je ne fais que rechercher ça, à n'importe quel prix, et c'est vachement idiot, ça me détruit. Alors voilà, ou tu m'aimes ou tu m'oublies jusqu'au jour où tu décideras de m'accepter comme fille, et ce jour-là, j'accepterai que tu sois mon père. Mais n'attends pas trop, ça fait déjà assez longtemps. Je souffre, moi, pendant ce temps-là. Ça va finir par me tuer s'il ne se passe pas quelque chose.

La négresse en a marre! Marre! Marre! Marre!

Quand je l'ai écrite, c'est sorti d'un jet. Je n'ai presque pas pleuré. Il n'y a que maintenant, quand je la relis, ouf... Mais que ça me fasse pleurer ou rire, ça ne change rien. Ça n'a rien changé à hier, pas plus qu'à aujourd'hui, et peut-être encore moins à demain.

J'étais vraiment en rogne. Je ne les envoie jamais ces lettres. Ces mots, je ne les ai jamais envoyés. Je les écrivais, ça me faisait du bien, je suppose...

Demain, il rentrera de Cuba. Il aura acheté un chapeau de paille pour ne pas trop se chauffer le coco là-bas et il me l'offrira à son retour, si jamais on finit par se voir, me disant que, oui, il a pensé à moi en me tendant un ridicule chapeau de paille hypertouriste, pas mettable. Ça, c'est mon père!

Le mercredi 3 avril 1991

En face de chez moi, il y a la garderie où ma fille ne va plus depuis deux mois. Elle n'y va plus, mais la garderie est encore là, en face de chez moi.

J'avais pris l'appartement en raison de la garderie, juste en face. Vous ne pourriez pas trouver plus près. C'était pour le moins pratique. Juste en face, comme ça, pas d'excuse pour ne pas l'accompagner un matin. Comme ça, pas le trouble des transports. Et en apparence, j'avais l'air plus disciplinée. Bof! Je ne sais pas si je le suis. Peut-être.

Dans le fond, ça dépend de ce qu'on entend par être disciplinée.

Le mercredi 10 avril 1991, 21 h 30

C'est fou ce que l'ignorance peut faire mal!
Non, ce n'est pas mieux. Je l'ai rappelé ce soir, le

supposé père: Bertrand Parizeau, dont je porte le nom. Huit fois, dix fois, il a raccroché. Il m'a raccroché au nez.

Je regarde ça et je me dis que c'est typique. Comme Antoine, comme Michael, comme Paulo, comme Marek Petitpas, *name it*. Ces hommes de ma vie sont à son image. Et Charles, je me dis que c'était peut-être le moins mauvais.

Ouais, j'ai rappelé mon père. Je voulais qu'il ait le cœur de me le dire. De me dire: «Non, je ne t'aime pas!» «Va chier!» «Désolé!» N'importe quoi, mais quelque chose de vrai! Mais non, il n'a pas les couilles pour ça!

Et là, je me retrouve au point zéro.

Antoine, quand je l'ai poussé à bout, il m'a menti comme douze. Ça n'a rien donné, il ne savait pas me dire la vérité, et je la voulais, la vérité, moi. Cela a fini en grosse bagarre. J'ai mangé des coups sur la gueule, et vlan!

Avec Michael, je lui avais demandé de me laisser seule, il ne l'avait pas pris et j'en avais mangé toute une. Et après cette première volée, il y en a eu d'autres, et par la suite, ce fut pire; il a été clouer mon linge sur un poteau de clôture à l'extérieur de ma maison aux Îles-de-la-Madeleine. Supergénial! Tout pour être heureuse! Et en plus, il me sautait dessus... Il voulait un enfant, voyez-vous, et je n'en voulais pas! Alors, le meilleur moyen, c'était de me sauter quand ce n'était pas le temps, quand je ne voulais pas. Plus je me débattais, plus il aimait ça! Une autre histoire qui a fini avec les flics. Merveilleux! j'ai pu quitter les Îles en un morceau.

Ordre de la cour: ne point importuner Mme Parizeau ni son enfant de quelque façon que ce soit, ne point menacer Mme Parizeau ni son enfant, etc., le défaut de se conformer aux conditions du présent engagement constituant une infraction punissable sur déclaration sommaire de culpabilité en vertu de l'article 746 du Code criminel.

Il était devenu fou! Le fait que j'arrive aux Îles pour y vivre, ça avait tout changé. Je ne peux pas dire que c'était très fort avant notre départ de Montréal, mais ce n'était pas à ce point. Je ne veux pas trop lui en mettre sur le dos, il a déjà assez payé ce qu'il a fait et il continue de payer. Il s'en est tellement voulu. Ça fait bientôt quatre ans… qu'il s'en veut. C'est… beaucoup payer!

Moi, je n'étais pas sans reproches dans cette histoire, mais j'avais dix-sept ans et il en avait dix de plus que moi. J'ai déconné une fois ou deux, et après, il est devenu fou. «Il m'aimait trop», qu'il disait. Antoine disait ça aussi, et tous les deux m'ont violentée, battue. Quelle histoire! J'étais arrivée à Montréal enceinte. Et hop, un avortement! Je ne suis pas pour ça, moi, d'avance!

Avec Antoine, cela a fini aussi avec les flics! Mais avec lui, je suis allée jusqu'au bout. La cour et tout… Avec Michael, j'avais laissé tomber la plainte, j'avais plutôt supplié l'avocat de la Couronne de laisser tomber. Mais, avec Antoine, je suis allée jusqu'au bout. Ça n'a rien donné, ils l'ont acquitté. Sur quel motif? Je ne sais pas. Mais cela a effrayé toutes les femmes dans l'auditoire! Et personne n'a rien compris. Il y a plusieurs suppositions. Peut-être qu'il avait acheté le juge, peut-être que le juge trouvait que j'avais une gueule à fesser dedans. Racisme? Je ne sais pas. Mais personne n'a compris. Le même Antoine passait encore en cour deux mois plus tard, pour ivresse au volant et voies de fait sur un flic, plus six autres chefs d'accusation. Le résultat? Il a perdu son permis pour un an et il a eu une amende. «Final bâton», comme on dit.

Et avec Charlot, on est en cour présentement pour faire reconnaître Émilie. Tout pour combler une femme!

Et mon père, mon beau-père… Bertrand… Je ne sais même pas comment l'appeler. Le *chum* à ma mère? L'ancien mari de ma mère? Je ne sais pas. Comment je l'appelle, lui? Tiens, si tout simplement je l'appelais par son nom: Bertrand. Bertrand Parizeau, Sonia Pascale Parizeau, Émilie-Jo Parizeau.

Une autre belle connerie! Pourquoi on s'appelle Parizeau, nous autres? Décidément! Elle s'appelle Parizeau parce que son père ne lui a pas donné son nom. Et elle a pris mon nom qui n'est pas mon nom. Pourquoi je m'appelle ainsi en fin de compte? Je m'appelle ainsi parce que mon père ne m'a pas donné son nom, et que M. Parizeau a voulu que je sois sa fille. Alors il m'a adoptée et j'ai lâché le nom de ma mère pour le nom de M. Parizeau.

Et puis là, je ne veux plus m'appeler Parizeau. Je ne l'ai jamais voulu, d'ailleurs. Parce que le gars qui voulait que je sois sa fille voulait que je sois sa fille sans qu'il soit mon père. À présent, je suis majeure et j'ai mon mot à dire dans tout cela. Je veux changer ce nom-là pour un autre. Mais lequel? Je ne sais pas lequel!

Ma fille, elle, a de la chance, son problème de nom sera réglé bientôt, mais moi...

Le dimanche 20 janvier 1991

Sacrée fin de semaine! Émilie était avec Olivia, une amie zaïroise, et ses frères et sœurs pour une bonne partie de la fin de semaine et, moi, je suis sortie. Pas beaucoup dormi. J'ai rencontré un beau blond avec une de ces gueules à faire rêver! On a promis de se donner un coup de fil.

Je ne le connais pas du tout, ce garçon, mais il me fait du bien. Il me fait rêver, il me fait un peu oublier la dure réalité de ma vie. Je n'ai pas plus de bouffe dans le frigo, je n'ai pas plus d'argent en poche, mais j'ai le cœur moins triste, j'ai même le cœur content.

Cette fin de semaine m'a rappelé un poème de Sully Prud'homme, poète du début du XIXᵉ siècle, *Éclaircie*:

Quand on est sous l'enchantement
D'une faveur d'amour nouvelle,
On s'en défendrait vainement
Tout le vénère:
Comme fuit l'or entre les doigts
Le trop-plein de bonheur qu'on sème
Par le regard, le pas, la voix
Crie: elle m'aime.

Quelque chose d'aérien
Allège et soulève la vie
Plus rien ne fait peine et plus rien
ne fait envie:
Les choses ont des airs contents
On marche au hasard, l'âme en joie
Et le visage en même temps
Rit et larmoie.

On s'oublie, aux yeux étonnés
Des enfants et des philosophes
En grands gestes désordonnés en apostrophes
La vie est bonne, on la bénit,
On rend justice à la nature!
Jusqu'au rêve de faire un nid
L'on s'aventure.

Ah oui, la mère de Thierry, un copain, a donné un superbe lit presque neuf à Émilie. Elle faisait du changement chez elle! Ça tombait pile, parce que le lit d'Émilie était bon pour les poubelles.

Je n'ai plus le goût d'écrire mon histoire. Je l'écrirai parce que j'ai passé un contrat avec moi-même de le faire, mais j'étais loin de me douter de tout ce que ça voulait dire. C'est dur d'écrire. Ça a peut-être l'air de rien, mais, à chaque ligne que j'écris, je revis les bons moments comme les mauvais. Le problème, c'est que je suis plutôt du genre à vouloir oublier vite les mauvais. Je ne les oublie pas, mais je ne veux pas trop y penser. Je veux les enfouir au plus loin de ma mémoire. Et d'écrire, ça les ressort de là. Ça les dépoussière même et ça les fait revivre un peu, beaucoup. Ça me fait mal. Ça me fait mal d'écrire tout ça. J'aurais tellement voulu qu'il en fût autrement. Et puis, je me sens comme une étoile qui brille dans l'ombre. Pire, comme une étoile dans l'ombre. Pire, comme une étoile qui brille dans la poussière d'un grenier d'une maison abandonnée. Abandonnée...

Partout où je passe, je dérange. Je dérangeais par ma couleur, par ma venue au monde, et après par mes revendications, revendications que je revendique toujours, que vous pouvez lire au chapitre 1, première partie de la Charte des droits et libertés de la personne. Je dérange par ma beauté, par ma droiture, par ma foi en la vie et en la loi humaine, par ma foi en l'humanité.

J'ai un certain besoin de nier ce qui s'est passé, mais je ne veux pas mourir avec mon secret. Ce serait trop injuste. Je n'ai jamais eu une ombre de compréhension de mes parents, de la sympathie à certains moments, oui, mais de la compréhension, jamais, même pas aujourd'hui. Jamais ils ne m'ont écoutée, et quand ils écoutaient ou plutôt faisaient semblant d'écouter, ils me disaient, me répondaient que tout ce que j'avais dit, tout ce que je pensais était absurde. Oui mais, ce que je pensais, un autre l'avait pensé avant moi, c'est écrit là dans la Charte.

«1- Tout être humain a droit à la vie ainsi qu'à la sûreté, à l'intégrité et à la liberté de sa personne. [...]
   2- Tout être humain dont la vie est en péril a droit au secours. [...]
   3- Toute personne est titulaire des libertés fondamentales telles la liberté de conscience, la liberté de religion, la liberté d'opinion, la liberté d'expression, la liberté de réunion pacifique et la liberté d'association.

4-   Toute personne a droit à la sauvegarde de sa dignité, de son honneur et de sa réputation.
10-1 Nul ne doit harceler une personne en raison de l'un des motifs visés dans l'article 10.»

L'article 10, vous le connaissez? Faut le lire et le relire!

Le lundi 15 avril 1991, 10 h 30
2526, rue Leclaire

Les couches

Ah! les couches! Je voyais le paquet diminuer et je voulais pleurer tellement je trouvais qu'elles diminuaient trop rapidement. Quatre couches par jour, pas plus! Puis, ça a été trois par jour. Puis deux... Puis, une couche par jour. Il faut le faire! Je l'ai fait ou plutôt elle l'a fait. Pas par choix, c'est sûr, mais quand même. Bof! j'étais chanceuse, je n'avais pas un bébé capricieux!

Bien, je vous explique comment ça marche, au cas où ça vous arriverait d'en être là... Ce n'est sûrement pas pour aujourd'hui ni même demain puisque là... vous avez les moyens de vous acheter ce livre. Mais après-demain, qui sait? On ne sait jamais.

Donc, vous grattez la couche. La couche jetable est ainsi réutilisable. C'est simple, *vous la grattez*. Votre bébé vient de faire un gros tas. Pauvre de vous! Allez! il faut réagir! Vous ne pouvez quand même pas le laisser comme ça, le pauvre petit! Il faut la vider. Vous retirez le merdier. Vous le foutez dans la toilette et vous nettoyez la couche le mieux possible. Vous la libérez le plus possible de la merde qui persiste à coller au fond. Avec un instrument comme une cuillère ou autre ustensile... Vous auriez pu le faire avec des mouchoirs, du papier cul, des essuie-tout. Mais quand vous êtes rendu à gratter la couche de votre adoré, c'est que le papier cul, les essuie-tout et les mouchoirs, il ne faut pas y penser. Sûr qu'il n'y en a pas. Et il n'y en avait pas. Je piquais du papier hygiénique dans les restos... Mais vous savez comment c'est fait, du papier de resto? C'est bien étudié pour qu'on n'ait pas envie de le piquer... Des tout petits bouts séparés. Des petites feuilles repliées. On ne gratte pas une couche avec ça! C'est trop dégueulasse. On risquerait pour sûr de s'en mettre plein les doigts. Yach!... Il y a des limites à vouloir le bien de l'adoré. Ainsi se vidaient et étaient réutilisées les couches!

Des fois, je laissais Émilie sans couche dans la maison. C'était pour guérir les rougeurs, comme me l'avait recommandé l'auxiliaire familiale. Ça m'arrangeait drôlement, ça me faisait économiser et ça me donnait une bonne excuse! Et Émilie était gentille avec moi, jamais elle ne chiait ni même faisait pipi par terre. Elle était propre. Ça n'est jamais arrivé. Je pourrais vous en parler pendant des heures de ces fameuses couches. Quel calvaire ce fut!

Pour un litre de lait

Un jour, je n'en pouvais plus, et au diable l'orgueil. Charles, c'était un ami, malgré tout. Et en tant qu'ami... et il y a aussi le fait que ce n'était pas à son avantage trop trop d'aller se vanter par la suite de m'avoir vue dans cet état... J'ai donc appelé le père de ma fille, son fameux, charmant et à l'aise père. Il ne demeurait pas très loin de chez moi, sur la rue de la Visitation.

J'ai demandé à le voir. Il m'a dit: «Viens-t'en!» Je me suis rendue chez lui, il a ouvert, sourire aux lèvres, cheveux mouillés, robe de chambre en ratine blanche. Il était beau comme un cœur... et jouait le jeu de la séduction, qui lui va si bien. Châtain blond, yeux pers, bien développé et un sourire en coin... un air de dire: «Je suis beau, n'est-ce pas?» Un air chiant au max. Il a ouvert avec cet air, il m'a fait la bise comme lui seul sait me la faire et il a pris le chemin de sa chambre en laissant sous-entendre un: «Suis-moi.» Je l'ai suivi. Moi, mon bébé et ma casquette. Ma casquette qui me protégeait le crâne; je m'étais rasé le coco trois jours plus tôt.

Et il s'est étendu, allongé, sur son lit. On aurait dit un prince dans son domaine, dans ses quartiers. Il en avait toute l'assurance et il semblait détenir le pouvoir. Il m'invitait, il voulait que je m'allonge là, à ses côtés, mais j'ai protesté. L'idée me plaisait, c'est sûr; c'est sûr que j'aurais aimé m'allonger à ses côtés. Poser ma tête sur sa forte et confortable épaule. Mais si j'avais fait ça, j'aurais aussi pleuré. Je n'aurais pas su me comporter convenablement. J'aurais pleuré, je l'aurais inondé de larmes, ça l'aurait embarrassé, il n'aurait pas su réagir… Du moins, c'est ce que je me disais.

Et il y avait Émilie. Sur le lit, à côté de lui. Il y avait Émilie juste là, à ses côtés, et il ne la voyait même pas. Il ne regardait que moi. C'est fou comme ça me vexait. J'ai donc réagi et je lui ai dit:

«C'est comme ça que tu me reçois? Qu'est-ce que tu crois? Que je vais me jeter dans ton lit!

— Vraiment, toi, tu penses juste à…»

Il s'est alors assis, un peu gêné, et j'ai poursuivi en enlevant ma casquette.

«Tiens, regarde ma nouvelle trouvaille!»

Et il a regardé. Dieu! il fallait le voir… les yeux ronds comme des trente sous! À la fois surpris et dégoûté! Visiblement bouleversé du changement. Avec ma casquette, on ne pouvait pas se douter que c'était à ce point court. Il a donc vu et ça l'a refroidi. J'ai poursuivi:

«Là! Tu t'habilles et tu nous retrouves à la cuisine. O.K.?

— Ouais…»

Un «ouais» incertain. Le pauvre, il était vraiment choqué. Je lui avais cloué le bec. Ça n'empêchait pas que

j'avais envie de me blottir contre lui. Bien au contraire...
j'en avais davantage envie. Mais à quoi bon? Charles aimait la petite fille en moi, et là j'avais, de l'extérieur, tout
d'un garçon. C'était à s'y méprendre!

«Tu nous fais pas visiter?»

Alors, il m'a fait visiter! Et ensuite, on s'est assis
dans sa cuisine, sur des chaises bien dures, je n'avais
rien à dire. Lui non plus. C'est l'équipement de son
salon qui m'avait refroidie: radio, télé, sofa modèle de
luxe. Lui, c'était mon coco qui l'avait refroidi. Et c'était
bien ainsi parce qu'il voulait réchauffer mon corps et
moi, c'était au cœur que j'avais froid.

Et on était là, aussi mal à l'aise l'un que l'autre. Après
cinq à dix minutes de malaise, il se reprit totalement.

«Bon! je dois partir. Je dois aller travailler. Si tu
veux, rappelle-moi!»

Il se sauvait de moi et ne pensait pas du tout ce
qu'il venait de dire. Sa dernière phrase n'était que politesse, voire réflexe.

On ne se ressemblait plus. Il jeta un œil sur Émilie,
qui marchait à quatre pattes sur son plancher de cuisine.
Elle mettait toutes ses énergies à se remuer, à avancer
vers la patte de table qu'elle s'était fixée comme but à atteindre. Elle y parvint rapidement, mais non sans efforts... Et elle essaya de la bouffer comme le font les
enfants, et lui la regardait comme ça. Comme s'il regardait la plus connasse des connasses avec un air de dire:

«Elle n'est pas normale, celle-là!»

Il prépara ses trucs pour le boulot. Le lait! Il fallait
que je lui demande. Non... je n'étais pas pour lui demander du lait, ni même de l'argent pour du lait. Il me fallait
trouver une formule pas trop humiliante, et pas trop em-
barrassante pour lui. Qu'il se sente libre de me le passer
le fric ou non. Je ne voulais surtout pas passer pour la
mère emmerdante qui vient téter le père quand elle a besoin de fric. Je voulais qu'il le fasse pour moi en tant que

copine, c'est tout. Je ne voulais pas le laisser sur une impression du genre: «Celle-là, depuis qu'elle a un enfant, elle a vraiment dégénéré. Il n'y a rien qui lui ressemble, de près ou de loin.» Je ne voulais pas non plus et surtout qu'il voit la charge. Ça l'aurait découragé à l'avance de revenir nous trouver ou de prendre quelques responsabilités vis-à-vis de l'enfant. Non, je ne voulais pas ça... mais je voulais qu'il me passe le fric, et il me fallait le lui demander. Il n'allait pas deviner! J'avoue que je souhaitais dans mon for intérieur qu'il le devine, mais il me fallait être réaliste. Je pris donc un ton très anodin et, d'un bout à l'autre de l'appart, je lui lançai:

«Charles... t'aurais pas deux dollars à me passer?»

Il ne répondit pas et revint à la cuisine.

«Charles, t'aurais pas deux dollars à me refiler? J'en aurais besoin.»

Il fouilla dans ses poches et en sortit deux billets de vingt, un de dix et un de cinq:

«C'est tout ce qui me reste pour deux jours. Puis, je n'ai pas l'temps de passer à la banque!»

Non, il n'allait pas me refuser ça. Lui qui ne me refusait jamais rien! Ce n'est pas vrai! Oui, c'était vrai!

«Où y sont mes clés! Là, y faut que j'y aille, sinon je vais être en retard.»

«Non, mais c'est quoi, ça? que je me suis dit. Il y a à peine vingt minutes, il était là à me faire des beaux yeux, prêt à me baiser, et là monsieur veut se tirer! Comme ça! En douce! Et puis, quoi encore! Et le lait! Deux dollars. Deux petits minables dollars! Même pas. Je n'étais peut-être pas assez belle, avec mon crâne de *skin*. Non mais... il me prend pour quoi?» Et hop! je vis ses clés avant lui. Je les pris, je les fourrai dans ma poche et je tentai le jeu de cache-cache.

Je faisais toujours ça avec lui! Quand quelque chose ne faisait pas notre affaire, on se faisait du petit chantage, léger et innocent. Et ça marchait à tout coup!

«Tu cherches quoi, comme ça?»

Un «Tu cherches quoi, comme ça» on ne peut plus suggestif. Et il n'a rien pigé, le con.

«Mes clés!»

Il ne me regardait même pas. Il était sec et impatient, son «Mes clés»! Jamais je ne l'avais vu ainsi. Si... avec les autres. Certaines... Mais avec moi, jamais!

Et je continuais... péniblement, mais je continuais sur un ton aussi innocent que suggestif, sourire aux lèvres, jouant de tous mes charmes:

«Tu cherches quoi?

— Mes clés!»

Dieu qu'il était sec et brusque avec moi. Mais je continuais...

«Ah bon!»

Et je le suivais partout dans ses allées et venues, le cherchant du regard comme une gamine... comme une gamine emmerdante mais irrésistible. Comme la gamine que je pouvais être, et que je suis encore parfois. Et il résistait, il résistait... sans effort!

Ça y est, là, je pleurais! Tout du dedans, mais c'était l'avalanche. Ça faisait mal! Je me sentais comme une vieille chaussette, comme un vieux condom usé qu'on dépose à côté du lit puis qu'on fout à la toilette et qu'on flush sans l'ombre d'un sentiment... à part peut-être... à part parfois un sentiment de dégout.

Je me sentais comme ça. Comme le condom usé sur le tapis à côté du lit. Qui passe de la place d'honneur à presque rien. C'est horrible! Ça l'était. J'ai remballé Émilie et, avant de sortir, je lui ai redemandé avec un sérieux qu'il ne me connaissait pas, en lui dévoilant tout:

«Charles, j'ai besoin de deux dollars pour acheter du lait pour la petite. Il n'y en a plus chez moi.

— J'ai pas le temps. J'ai pas le temps de passer à la banque, puis tu as vu ce qu'il me reste. Puis, j'ai pas le temps de me faire de lunch. Puis, il faut que je bouffe moi. Puis les restos, c'est pas gratuit. Si tu veux du lait, il y en a dans le frigo.»

Besoin oblige, j'ai regardé dans le frigo. Je devais avoir une de ces têtes d'enterrement. Il y avait un deux litres presque vide, juste assez pour un café.

«Prends-en, mais laisse-m'en pour le café demain matin!

— Il n'y en a presque plus, Charles! Charles! Deux dollars!

— O.K.! C'est correct, prends-le tout si tu veux. Je prendrai pas de café!»

Jamais je ne l'avais vu comme ça! Jamais de ma sainte vie.

«Laisse faire. Salut, Charlo.»

Il ne se déplaçait même pas pour me saluer. J'ai demandé qu'il se déplace.

«Tu pourrais venir me faire la bise, au moins.»

Il me la fit. Une bise vide. Une bise qui sonnait si creux que le cœur m'en éclata. Comme un bouton d'acné bien mûr.

Et je suis rentrée. Moi, mon bébé et ma casquette.

Je ne vous dis pas comment je me sentais. C'est simple, je ne me sentais plus. Il y a des fois comme ça où on est tellement atteint qu'on ne sent plus rien. On est comme... anesthésié, gelé. On ne sent pas, on ne sent plus. On regarde les gens et ils ne nous disent rien. On nous fait des sourires, des gentillesses ou des grimaces, des saloperies, et c'est pareil. On ne voit pas. On ne sent pas la différence. Comme une femme qui accouche, qui est absorbée par le mal de la contraction; on aurait beau lui promettre mer et monde, elle n'en a rien à foutre, elle ne veut qu'une chose, en finir. En finir avec cette contraction-là. Elle ne pense même pas à la prochaine, à celle qui suivra, elle a mal et impossible pour elle d'avoir la moindre idée positive ou négative qui prendrait naissance en elle. Tout ça pour dire que c'était comme c'était: pas facile.

Et je suis rentrée comme ça. Dans mon grand sept-pièces bordélique. Je venais tout juste d'entrer que le téléphone sonnait:

«Allô!

— Pascale, ce serait pas toi qui as mes clés? Si oui, dis-le-moi.

— Oui, c'est moi qui les ai! Y t'en a fallu du temps pour allumer!

— Si je vais chez vous maintenant, tu vas me les donner?

— Oui... si tu me donnes du fric pour le lait!»

Dieu que j'étais amortie. Lâche et moche. Il me dégueulait d'avoir refusé de me refiler deux minables dollars, et je me dégueulais d'en être rendue là. À lui faire un chantage sérieux! Mais quel choix j'avais? Émilie était patiente, mais il fallait qu'elle mange.

Il est venu en moins de temps que ça ne prend pour le dire. Il était là. Il m'a garroché un dix au visage.

«Tiens! j'espère que t'es contente, là?»

Décidément, il ne comprenait rien à rien. Et moi, je passais pour une belle salope. Je n'osais pas le regarder en face. J'ai simplement capté un regard, et j'en ai eu assez. Dieu qu'il me méprisait. J'aurais aimé pouvoir lui lancer le dix au visage à mon tour, et lui dire sauvagement:

«Garde-le ton maudit argent, on va s'arranger autrement!»

Mais je ne pouvais pas faire ça, il y avait Émilie et je l'aimais bien plus que ma réputation, qui risquait d'en écoper peut-être, ou que mon orgueil, ou même que l'image qu'il pouvait avoir de moi. Sûr que j'aurais aimé sauver l'image qu'il avait désormais de moi. J'aurais aimé pouvoir trouver quelque chose d'intelligent à dire, mais je ne savais pas quoi dire, et malgré toute ma peine j'étais contente. Dix dollars, vous vous imaginez! Bien plus que je n'avais espéré. Dix dollars, c'était cinq fois deux litres de lait. Génial! Superextrasensas!

Il est reparti aussi sec en claquant la porte. Il m'avait donné le fric, il avait récupéré ses clés, alors il n'avait plus rien à faire chez moi. Il avait pris soin d'essuyer ses pattes sales sur moi, me prenant délibérément pour un paillasson... Tout ça au sens figuré, bien sûr. Et hop! il est reparti.

Et moi, j'ai contemplé le dix dollars. Wow! ce qu'il pouvait être beau. Tout mauve. Je n'avais jamais vu un dix dollars aussi beau. J'ai pris Émilie dans mes bras et je lui ai dit:

«Ton papa m'a donné dix dollars, alors tu vas pouvoir avoir du lait dans ta bouteille, mon bébé.»

Le jeudi 18 avril 1991, 14 h 56

Trop c'est trop! (*suite au litre de lait*)

Je ne pouvais plus tenir le coup, l'argent manquait et le moral descendait au même rythme que le compte en banque. Les deux se sont vite retrouvés dans le rouge.

J'ai plaqué l'appart sur Queen Mary en fourrant le proprio pour lequel je ne m'en faisais pas, ça n'allait pas le ruiner, et hop! je m'installe dans un sept-pièces sur de Lorimier avec mes meubles, mes sacs de poubelle remplis de fringues et mon bébé; je m'en vais vivre avec deux jeunes cons: un fils de ministre, un dénommé Pierre-Éric Grandpré, et un taré à l'extrême, un certain Jean-Yves Ménard, deux ex-minables, flancs mous du collège. La galère!

Jean-Yves s'avère être un gros porc dégueulasse qui ne pense qu'à s'endetter pour fumer au max et boire comme un trou. Pierre-Éric, lui... À part le fait que je lui ai filé mon poing sur la gueule, tout allait. Il s'était mis dans la tête de faire fumer un joint à Émilie pour voir ce que ça ferait, pour s'amuser un peu, pour rire! J'ai passé deux longs mois dans ce trou.

Émilie n'avait pas mangé depuis un bout, moi, depuis encore plus longtemps. Quand on ne bouffe pas, nos idées ne font que se détériorer, comme notre moral. J'ai lancé un son de cloche à mon T.S., il a compris tout de suite.

«Ça va pas, Jean-Paul. Il faut faire quelque chose pour Émilie. Je ne peux pas, je ne peux plus.»

Je n'ai pas eu à expliquer davantage. Il commençait à me connaître. Je n'étais pas le genre à dire des trucs que je ne pensais pas, et si je lui disais ça... c'est que vraiment besoin il y avait.

«Veux-tu que je vienne te voir?

— Non.

— Tu veux qu'on lui trouve un endroit où rester, le temps que ça aille mieux?

— Oui, Jean-Paul, le temps que ça aille mieux.»

C'était l'enfer et je croyais que c'était la vie.

J'avais appelé mon père, pour entendre de nouveau:

«Je payerai jamais pour le pain, pis le beurre.

— Oui, mais papa...

— Il n'y a pas de oui mais, c'est comme ça! C'est une question de principe, pis un principe, c'est un principe.»

Il n'y avait rien à en tirer. Et ma mère:

«Ben travaille, fais quelque chose, invente. Tu fais rien, puis tu t'étonnes que ça n'aille pas. L'argent, ça ne descend pas du ciel, trouve-toi un job, comme chez *McDo.*»

— Je travaillerai jamais chez *McDo*, maman...»

Telle fut ma seule réponse, et elle ajouta:

«Bon, tu vois comment tu es, tu préfères crever de faim, puis pas nourrir ton petit, plutôt que de travailler chez *McDo*. C'est ton affaire, mais ne viens pas brailler après. Salut, ma grande, j'ai du travail, faut que je te laisse. Salut.

— Salut.»

Travailler chez *McDo*? N'importe quoi! Même *McDo* n'aurait pas voulu de moi. J'étais faible comme une guenille, j'avais des étourdissements constants. J'étais sur les médicaments pour le cœur, je ne dormais pas. Tout ce que j'ingurgitais, c'était du café quand il y en avait, alors le cœur ne pouvait plus, il était fatigué. Mon sommeil n'était pas récupérateur, ça n'aidait pas non plus, et j'avais dix-sept ans et un bébé de cinq mois.

Travailler chez *McDo*. À cinq dollars l'heure, devoir me dénicher une gardienne que je devrais payer et tout, non! De toute façon, je faisais plus que cinq dollars l'heure sur le B.S. et je n'arrivais pas, c'était évident. J'aurais peut-être pu arriver, mais je ne savais pas cuisiner, encore moins faire un budget.

Jean-Paul trouva une gardienne pour Émilie. Dans l'est, dans le quartier Pie-IX et Ontario, une grosse dame typique B.S. qui gardait des enfants. Son appart était un peu mieux que le mien, un peu, mais elle, elle avait quelque chose de plus que moi qui faisait toute la différence: elle, elle avait de la bouffe dans son frigo.

Le samedi 20 avril 1991, 6 h 40

Les visites chez la logeuse de ma fille

Émilie est restée cinq à six semaines là-bas. J'allais la voir le plus souvent possible. Des fois, je n'y allais pas, non pas que je ne voulais pas, mais ça me faisait trop mal. Chaque fois, ça me rappelait quelle mère minable je faisais. Et elle, qui était si belle. Si géniale! J'avais l'air d'un pois desséché à côté d'elle, d'une moins que rien. Elle me regardait avec ses grands et superbes yeux et elle ne me jugeait pas. Elle me regardait. Et je la prenais sur mes genoux. Je l'asseyais face à moi sur mes jambes, et on se regardait, et je lui parlais avec mes yeux pour ne pas que les autres entendent nos secrets. Elle écoutait, on se regardait comme ça et je lui disais des tas de choses. Je lui faisais mille et une promesses du regard. Du genre: «On va te tirer de là, maman est superminable, tu n'as pas été chanceuse, ma belle, mais je vais me forcer et peut-être que ça marchera. Il y a plein de cons qui ont fait des miracles, peut-être qu'un jour j'en ferai, moi aussi, il ne faut pas désespérer.» Et je lui disais combien je l'aimais, qu'il n'y avait qu'elle, elle et seulement elle… qu'elle était plus lumineuse que le soleil, qu'elle était supergéniale, et de ne pas lâcher. «Et s'il y a un petit con qui t'emmerde, maman est là ma chérie, et elle t'aime.»

Et je lui parlais comme ça, et que le ciel me tombe sur la tête à la minute si je ne dis pas vrai. Elle comprenait. Elle sentait tout ça.

Vous la regardez aujourd'hui et c'est évident qu'elle a compris. Elle a toujours été une enfant calme, sûre d'elle. Trop même par moments, mais ce n'est pas grave ça. Elle avait confiance et elle était là avec ses grands yeux d'amour remplis tout plein, avec un air de dire: «Tu me manques, mais ça va, rush pas, prends ton temps, lentement et sûrement, maman, et quand j'en aurai plus que marre, je te ferai signe», et je lui disais: «O.K.», et on s'embrassait. Je la bombardais de baisers plutôt.

Nous, on s'installait au salon pour nos petites tendresses et tout. Eux, la bonne femme qui la gardait, ses grands enfants et sa copine du dessous, étaient à la cuisine. Les deux pièces formaient une seule grande pièce. Je la voyais qui nous lançait un regard de temps en temps. Elle se demandait ce qu'on pouvait bien foutre toutes les deux. Assises là, à se regarder, c'était plus sérieux que la prière à l'église, notre truc, plus religieux que la religion. Elle se demandait.

Bah! j'étais mulâtre, une autre culture peut-être... Je ne sais pas ce qu'elle en pensait de tout ça, et entre nous, je n'y voyais pas d'importance.

C'était un placement volontaire. Jean-Paul m'avait assurée qu'en tout temps je pouvais reprendre Émilie sans problème, sans questions, sans paperasse à remplir, sans préavis. J'étais tout à fait libre. Il m'en avait assurée et, s'il l'avait dit, c'est que c'était vrai. Il commençait drôlement à me connaître, ça faisait déjà trois ans que mon dossier lui avait été assigné. Ça a pris du temps, surtout de la patience, et il a fini par me connaître et j'ai fini par le connaître. Il savait que moi, il ne fallait pas me berner. C'était la dernière chose à faire avec moi, alors il ne me bernait pas. Et s'il me racontait des histoires, il le faisait intelligemment, en prenant toutes ses précautions pour que je ne m'en rende pas compte, alors c'était O.K. Si je m'en étais rendu compte... si je m'étais rendu compte qu'il me bernait, je crois bien que je l'aurais tué. Bof! ça dépend bien sûr à quel niveau, mais s'il y avait eu un quelconque rapport avec la petite, je l'aurais tué.

Jean-Paul est encore de la famille. Ça fait plus de cinq ans qu'il a fermé notre dossier. Il a même changé d'emploi pour un autre dans le même style mais avec des flos (six à douze ans), en centre d'accueil. Mais il est resté notre ami, il nous aime bien et on ne le déteste pas trop non plus.

Émilie était là et moi, j'étais ailleurs. Je traînais dans Outremont et les environs avec mon coco et ma casquette toujours. Le *5116* était le point de rencontre entre copains. On prenait une bière, *well*, ils prenaient une bière et moi, je faisais semblant de boire la mienne car je n'aimais pas ça, moi, la bière.

Le samedi 20 avril 1991, 12 h 30

La découverte

On regardait des photos, Émilie et moi... Je lui sortais des vieilles photos qu'elle n'avait jamais vues de moi et de mon coco qui rallonge.

«Regarde, maman avait les cheveux courts ici.

— Ah oui...»

Et elle regardait tout gentiment. Défilait la pile de photos, des petites, des moyennes et des plus grandes. Et là elle arrivait sur une photo, une petite photo prise dans une boîte en ville cinq ou six ans plus tôt.

«Maman, c'est qui ça?

— Ben, c'est moi!

— Ben, ça se peut pas, tu es noire!

— Ben oui, c'est moi!»

Je trouvais ça drôle, elle venait de réaliser.

«Ben oui, chérie, je suis noire. Bien... moitié-moitié.

— Ben non! Ça se peut pas.»

Elle refusait. Je lui expliquais, elle refusait.

«Mais non! ce n'est pas toi, c'est un de tes amis.

— Ben non, c'est moi!»

Et on s'obstina comme ça, elle ne voulait rien croire.

«Pourquoi tu ne veux pas me croire, Émilie?

— C'est pas moi, c'est mon cœur qui peut pas te croire.

— Ben c'est moi, chérie. Tiens, regarde ici.»

Et je lui montrai le point, le grain de beauté que j'ai sur la joue gauche, un gros grain sur la joue, elle ne pouvait pas le manquer. Elle ne pouvait pas faire autrement que de me reconnaître, mais non, elle continuait à s'obstiner et moi, idiotement, je riais, un petit rire nerveux, fatigant. Je hais assez ça quand le monde rit de même. Et moi, je ris de la sorte et je poursuivis.

«Regarde le foulard. Tu le reconnais.»

C'était un foulard de laine, la photo avait dû être prise en octobre ou novembre, par là.

«Tu l'avais passé à cette amie-là. T'es pas noire, maman, tu es blanche. Regarde les autres photos, ici, ici, ici.

— Je le sais, Émilie, mais moi, je suis moitié noire, moitié blanche, je suis brune.»

J'espérais que, là, elle avait compris.

«Ah! ah! ah!»

Et elle me pointa sauvagement du doigt.

«Ah! ah! ah!, t'es noire, t'es noire!»

Là c'était trop. Les larmes. Je n'arrivais pas à croire. Elle n'attendit pas l'avalanche pour me dire:

«Excuse-moi, maman, pour t'avoir pointé du doigt, mais ça, c'est pas toi, hein?»

Elle souhaitait que je lui réponde: «Ben non, c'est pas moi... c'est une *joke*», et qu'on rigole un bon coup, mais je ne pouvais pas lui répondre, alors je n'ai rien dit et j'ai écrit. J'écris, et elle est là qui vient au bout d'un moment;

«Maman, O.K. d'abord, je te crois que c'est toi. Es-tu fâchée?

«Non, je ne suis pas fâchée, j'ai mal.»

Et je poursuivis comme ça, sur le même ton ferme:

«C'est très grave ce que tu as dit. La prochaine fois, je serai dans l'obligation de te foutre une correction.

— Ça veut dire quoi *correction*?

— Ça veut dire que la joue va t'enfler et que les fesses vont te rougir.»

Et on enterra l'événement.

Le mercredi 24 avril 1991, 11 h 20
2526, rue Leclaire

On est reconnues!

Tout change pour moi, aujourd'hui! Pour Émilie aussi. On est reconnues!

L'air me semble plus doux. Et j'ai une chanson qui se balade dans mon cœur. Vous la connaissez peut-être... «La vie va faire une femme de moi...» La vie va faire une femme de moi! Ah oui?

Je ne peux que difficilement exprimer ce que cela signifie pour moi! Et je me tourne vers mes amis pour partager la nouvelle. Ils doivent *tous* savoir. Tout le monde doit savoir. C'est cinq ans après sa naissance, mais elle naît aujourd'hui: Émilie-Jo Parizeau-Lasource, fille de Sonia Pascale Parizeau et de Charles Lasource. C'est génial, c'est la vie! *La vie!* La vraie, la bonne, la *seule vraie vie!* La vie, quoi! La bonne... l'unique, la seule, calme et appréciable, et sensée!

Ça a été réglo. Le système n'est peut-être pas si pourri! Voilà ce que ça me dit. Et c'est important que ça me dise ça. Je vais vivre, mes amis. *Vivre!* Et elle *aussi!* Dans la reconnaissance!

Le samedi 27 avril 1991, 21 h 10

Mes amours

Il y a eu trois hommes dans ma vie, trois hommes qui ont compté. Le reste, les autres, c'était de la rigolade pour faire passer le temps. Je dis ça comme ça, froidement, parce que c'est ce que les gens croient. Dans le fond, je vous dirai que je les ai tous aimés, pas tous avec le même amour ardent, mais tous quand même. Mais parlons des principaux, Charles, Michael et Antoine.

Charles, c'était le printemps... Michael, l'hiver et Antoine, l'automne, si on parle en saisons!

Un ami m'a demandé comme ça un jour:

«Si tu devais aller avec l'un d'eux aujourd'hui, lequel choisirais-tu?

— Aucun.»

Je n'aime pas qu'on me pose des questions indiscrètes, mais après j'y ai repensé et je me suis dit... avec Charles, parce qu'il est le père de ma fille, avec Antoine, parce que je l'aime encore, et avec Michael, parce qu'il m'aime. Mais ça revient au même. Je n'irais avec aucun d'entre eux.

Avec Charles, pour la cour, c'est presque fini. C'est ce que mon nouvel avocat m'a confirmé vendredi dernier. Nouveau, parce qu'un jour j'ai changé. L'autre ne me convenait pas du tout. Au début, oui... ça allait! Mais j'ai besoin d'un vrai avocat. J'en ai un maintenant, et il se battra jusqu'au bout pour moi, pour nous. C'est le juge Gendron qui me l'a recommandé. Le juge et moi, on se connaît depuis... huit ans déjà. Il avait été mon avocat au tribunal de la jeunesse en 1983-1984 et il avait été super. Un homme qui accomplit très bien son métier, sa profession. J'ai toujours eu beaucoup d'estime pour lui et lui pour moi, je crois. C'est lui qui m'a envoyée à Me Jolicœur. Jolicœur, c'est doux comme nom, vous ne trouvez pas? Moi, j'aime.

Les centres d'accueil, je croyais que c'était un rêve, un cauchemar. Mieux, un coup de théâtre comme si le metteur en scène m'avait confondue avec une autre. Comme si c'était une grosse blague... que j'ai trouvée drôle au début, et puis plus ça allait... moins je trouvais ça drôle.

Je m'apprends à conduire

À la suite de la soirée avec Antonio, maman m'avait dit:

«Je ne veux plus que tu voies ce garçon!»

Elle parlait de mon bel Italien. Elle poussa jusqu'à dire que c'était un détournement de mineure et qu'ils étaient pour le traîner en justice si, lui et moi, on se revoyait, et qu'il atterrirait en prison.

«Vous voulez l'envoyer en prison, mais si je suis bien avec lui, moi! Vous acceptez que votre vieux cochon d'ami me tripote les seins et me tire ma culotte même si je ne veux pas, mais quand je veux…

— Qui ça?

— Ton cher masseur! leur lançai-je fièrement en plein visage.»

Et c'est reparti de plus belle. Je croyais leur clouer le bec une fois pour toutes, mais non!

«Comment ça?»

Je n'avais pas le choix, il me fallait expliquer. Alors j'ai balbutié, j'ai expliqué, malgré moi, mais tout de même. Mon père m'a giflée et ça m'a aidée. Après ça, j'ai vraiment tout expliqué, avec les détails.

Une fois les explications terminées, série de questions qu'ils posaient ensemble, des questions superposées. Je n'avais même pas le temps de répondre. Je dis les «questions», mais je pourrais dire un «raz de marée» et ce serait plus vrai.

Ils ont fini par quitter ma chambre. Ils se sont engueulés au salon et ils sont partis en direction du Lotus. Visiblement, ils allaient y régler une affaire.

Ils ont engueulé tout d'abord le masseur en question. Je ne sais pas ce qu'ils lui ont dit, mais tels que je les connais, ils n'ont certes pas dû y aller avec «le dos de la cuillère» comme on dit. Puis après, ils ont exigé qu'on leur donne le numéro de l'Italien. Numéro qu'ils n'ont pu obtenir. Furieux, ils sont repartis pour la maison. Moi, je cherchais un moyen de revoir mon prince et je m'engueulais. J'aurais dû me servir davantage de ma tête et leur sortir autre chose pour les boucher. Merde!

Mais je ne trouvais pas ça juste, moi, qu'ils insultent Antonio comme ça et que le bizarre de petit masseur à la con s'en tire.

Mais j'étais loin de croire que... Bon enfin... ils finirent par arriver.

«Interdiction de sortir et, ce soir, tu gardes ton frère. Le Lotus, tu oublies ça. Tu es trop jeune.»

D'abord, ils insistent pour que j'y aille, et après...

«Merde! de merde! de merde! De la marde, je me barre!»

Alors, voilà les parents partis, le frangin endormi. Je cherche les clés de la Volkswagen *Rabbit* à maman. Je trouve! C'était parti, tout allait pour le mieux. Je me barrais avec la voiture. Antonio restait à Drummondville. J'arriverais, pas de bagages, rien, juste moi, tout le nécessaire quoi. Arrivée à Drummondville, je n'aurais qu'à planquer la voiture et fini, enterré, l'amour triompherait, une fois encore. Hourra!

Hop! À la voiture. Du calme, du calme. Comment ça marche? Bon... Le contact était mis. Foutu manuelle, pourquoi elle n'avait pas une automatique comme tout le monde?

Je n'ai pas roulé comme ça bien longtemps. Je me suis vite retrouvée sur le terrain d'un voisin. J'étais entrée dans un poteau et presque dans une bagnole. Bravo! j'avais réussi à franchir à peine trois coins de rue et au premier virage sérieux, direct dans le poteau.

J'avais alerté tout le quartier. Un homme est sorti de chez lui. Dieu qu'il m'a engueulée. J'ai joué à la fille soûle.

«Désolée... désolée...»

La bagnole que j'avais failli emboutir était la sienne, alors comprenez son humeur. Heureusement, il a été indulgent avec moi. Il a gentiment repris le volant et m'a raccompagnée à la maison. Il a stationné la voiture et m'a laissée avec un:

«Attention, la prochaine fois! Cela aurait pu être plus grave. Compte-toi chanceuse! Pour une affaire de cœur, ça vaut pas le coup.»

Dans l'auto, je lui avais inventé que mon copain me laissait et que… Je ne sais s'il a vraiment cru tout ça, surtout que je ne sentais pas l'alcool du tout. Je n'avais rien bu. En tout cas, pour me compter chanceuse, je me suis comptée chanceuse. Et mes parents n'ont rien su. Ouf! Sinon, la raclée, je l'aurais prise.

Le lendemain matin, mes parents m'ont informée qu'ils partaient tous en balade sauf moi. «Toi, tu restes ici et tu ne sors pas, compris?» et ils sont partis avec le frangin.

Antonio se dégonfle

À peine avaient-ils quitté la maison que je bondis sur le téléphone: «Oui allô! Ça va? C'est Sonia Pascale, la fille à Bertrand, puis… ouais, c'est ça… Ça va?… j'aurais besoin d'un *lift* pour le Lotus, c'est possible? O.K.! je vous donne l'adresse.» Direction Lotus, j'espérais qu'Antonio y serait. On partirait chez lui ou ailleurs très loin de tout. Mais Antonio n'était pas là! Tout le monde me regardait drôlement. Gentiment toujours, mais à les regarder me regarder… c'était évident qu'ils étaient au courant que ça avait brassé pour moi.

«Ça va?

— Bof!

— Si tu veux, tu viens avec nous… on va au *Commensal* prendre une bouffe. Ça te plairait?

— Oui, mais j'ai pas un rond sur moi.

— Allez, je t'invite, on s'arrangera.»

On est sortis du Lotus, Pierre-Marc Olivier et des copains, copines. Le masseur m'attendait à la sortie:

«Sonia Pascale… je veux te parler.»

Il avait les larmes aux yeux. Il osait à peine me regarder.

«J'ai rien à te dire!»

«Pauvre type!» je me disais. Je n'aimais pas le voir comme ça, mais je ne pouvais rien pour lui. Et après le *Commensal*, je finis chez Pierre-Marc. Il me donna le nom d'un avocat qu'on a appelé et cet avocat m'a dit:

«Non, après quatorze ans, si tu es consentante, tes parents n'y peuvent rien. Ils ne peuvent rien faire pour lui causer des problèmes.»

Merveilleux! Dieu que j'étais soulagée.

J'appelai Antonio pour lui annoncer la nouvelle. Il se dégonflait. Je comprenais en partie, mais j'avais beau le rassurer… il était immigrant non reçu… O.K.! ça ne faisait que deux ans qu'il était ici. O.K.! mais j'étais pour le défendre, moi. J'étais à court d'arguments mais bon, O.K., rendez-vous à mes dix-huit ans.

Pierre-Marc se cache et visite au poste de police

Pierre-Marc capotait un peu pour le téléphone à Antonio.

«Pascale.. ça va coûter cher…

— O.K., O.K.! salut, je te rappelle pour te donner des nouvelles… Salut, je t'embrasse.»

Dieu que j'étais à plat. Pas du tout dans mon assiette… Juste à côté! Il se faisait tard.

«Tu peux coucher ici. Je vais me tenir tranquille, promis.»

Promesse d'ivrogne, faut pas me prendre pour une cruche. Mais je m'en foutais.

«Si ça peut te faire plaisir… ça ne me dérange pas!»

Alors, il m'a baisée et moi je continuais de penser, et de penser, et de penser encore: «Quelle galère, et merde que je suis dans la merde… et ma mère et mon père… ce qu'ils doivent être furieux.» Lui, sa petite affaire terminée, il s'endormit. Et moi, je continuais de penser et de penser. Je suis restée là à réfléchir en paix et, au bout d'un bon moment, je m'endormis épuisée, à bout de réflexion.

Je suis restée deux jours chez Pierre-Marc et, après deux jours, il me suggéra d'aller moi-même chez les flics. Mes parents avaient alerté la police et, si j'y allais moi-même, c'était mieux. Bah! ça avait du bon. Je comprenais qu'il en avait assez de moi. Pas tout à fait, mais c'était pas une vie. Lui, ça allait encore, mais sa *roommate* était un peu *stuck-up*, alors on se rendit au poste de police le plus près.

«Tu restes avec moi, hein!

— Oui, oui, c'est promis.

— Qu'est-ce qu'ils vont me faire?

— Rien, ils vont te poser des questions. Mais un truc, il ne faut pas leur dire que toi et moi...

— Non, non.»

Pauvre petit, obligé de se cacher. Bof! ça ne me dérangeait pas, je trouvais ça drôle, amusant et surtout très enfantin.

Au poste, un policier a tenté un lavage de cerveau. Questions par-dessus questions, et il répétait les mêmes dix fois, vingt fois, et il en ajoutait d'autres qu'il répétait le même nombre de fois de façon détournée, puis plus directe, puis détournée encore, avec des insinuations:

«Tu te drogues-tu?

— Non.

— Le hasch, tu connais ça?

— Non.

— Tu connais pas ça?

— Non.

— Voyons donc, une belle fille comme toi, tu connais pas ça? Puis la coke, ça, tu dois connaître ça?

— Non.»

Et il continuait. C'est bien simple, il faisait mon éducation complète sur les drogues. L'acide, la coke, le hasch, l'héro, la prostitution. Pimp? Je trouvais ça tellement drôle comme nom. Pimp! ça manque de sérieux comme nom, vous ne trouvez pas?

À chaque «non» de ma part, à chaque réponse négative, il s'impatientait davantage et criait plus fort et remontait son pantalon et faisait les cent pas... et mes réponses étaient toutes négatives, et j'étais honnête:

«À t'écouter, tu es un ange, toi!

— Non.

— Non... non... non... Tu sais-tu pourquoi tu es ici?

— Oui.»

Le chanceux! un oui. Qu'il était con et raciste!

— Des petites comme toi, sais-tu où elles finissent? Au coin de Saint-Laurent et Sainte-Catherine à travailler pour faire vivre leur pimp. Puis, des petites négresses comme...»

Il n'avait pas eu le temps de finir sa phrase, mon père qui venait d'arriver se leva et intervint et moi, je renflouai...

«Ouais, c'est la deuxième fois qu'il utilise ce mot-là... Tantôt, quand vous n'étiez pas là...»

Là, c'est lui qui rougissait, le gros boudin de flic qu'il était. Tout rouge, tout embarrassé, ça lui allait bien!

«Le rouge te va bien», que j'aurais voulu lui dire, mais ce n'était vraiment pas le moment.

Le pauvre a essayé de se défendre.

«Mais c'est pas votre fille. On les adopte, on les fait venir ici, puis...»

Là, je souris. Il était vraiment dans la merde.

«Pascale, va nous attendre là-bas», dit mon père.

Il pointa la salle d'attente. J'obéis, sourire aux lèvres toujours.

C'est dur de vous expliquer tout ça. À ce jour, je n'ai moi-même rien compris. J'ai vécu tout ça, mais pas complètement. Physiquement oui, j'étais là, mais ma tête, mon cœur étaient toujours soit en avant, soit en arrière, au futur ou au passé. Rarement au présent, sauf quand c'était rigolo; alors, j'étais toute là. Encore aujourd'hui, je ne manque jamais une occasion de rire de moi, des autres, des situations, des règlements, de tout. Et pour jouer les rôles comiques, je suis toujours là. Et j'aime que les gens rient autour de moi. Le problème, c'est que tout le monde n'a pas le même humour. Il faut être drôlement libre. Enfin, pour moi, c'est comme ça et quand je ne peux plus rire, je suis malheureuse. Tiens, ça me rappelle...

Quand j'étais petite

Quand j'étais petite, je rêvais toujours à la même chose ou presque... et je me réveillais parce que je riais tellement que ça me réveillait. À quoi je rêvais? C'est dur à expliquer, mais je vais me risquer. À des bonshommes, des bonshommes style Barbapapa, deux gros, énormes, qui me coinçaient dans un coin et qui essayaient de faire je ne sais trop quoi devant moi. Moi, j'étais coincée dans un coin, eux me grondaient. Ils gonflaient et dégonflaient, et ils parlaient fort, puis moins fort, dans un langage que je ne connaissais pas. Et moi, j'étais normale, comme je le suis dans la vraie vie, en chair et en os, et je riais. Je ne comprenais rien, et ça avait tellement l'air sérieux leur truc. Alors, je ne pouvais me retenir. Je riais... et je riais... et le plus drôle, c'est quand je les imitais, quand je disais n'importe quoi, en empruntant leur ton et leur voix, ils comprenaient ce que je disais et, tout sérieux, ils se mettaient à réfléchir sur ce que j'avais dit dans leur langage. Là, je m'arrêtais de rire un moment, stupéfaite. Je n'en revenais pas, et de nouveau, je me mettais à rire de plus belle. Dieu que je riais! J'étais prise en coin avec ces deux balourds, oui, mais ils étaient mous, mous comme de la pâte à modeler. Je n'avais jamais essayé, mais je savais que, si je voulais leur échapper, ça serait facile. J'étais plus solide qu'eux, alors je ne pouvais pas avoir peur, même coincée, car ce n'était qu'en apparence que je l'étais. Et je riais... et je riais encore. Tellement que je me réveillais. Et même réveillée, je riais. J'en avais pour au moins dix à quinze minutes à me remettre chaque fois.

Je me souviens aussi d'une fois à l'île Perrot, où je me suis réveillée d'une sieste, incapable de m'arrêter... Je riais tellement fort que Ginette, la bonne, était venue me demander de me calmer, que j'étais pour réveiller mon frère.

«Qu'est-ce qu'y a de si drôle?

— Mon rêve... c'est mon rêve...»

J'arrivais à peine à parler. Je riais trop. J'en avais mal au ventre et, bon, au bout de dix, quinze minutes, ça s'arrêtait.

Des fois, même le jour, éveillée, j'avais comme un *flash-back* de ces petits bonshommes, et je pouffais de rire. Je les aimais bien. Il y a deux mois, j'en ai rêvé et c'était comme toute petite. Quand je me suis réveillée, je riais sauf que là, ce n'était plus pareil. Émilie a rappliqué en moins de deux et m'a filé l'interrogatoire complet pour savoir ce qui me faisait tant rire. Je n'avais pas le goût d'expliquer, moi, alors merde!

«C'est rien, laisse-moi.»

Et depuis, ils ne sont pas revenus. Mais ils reviendront un jour peut-être. Sacrés bonshommes!

Pipi au lit

C'était comme ça, papa me grondait trop fort. Je ne tolérais plus. Je me sentais opprimée, alors c'était pipi au lit et maman devait changer les draps ou demander qu'on le fasse. Ça a duré longtemps, cette histoire de pipi au lit. Jusqu'à douze ans, jusqu'au collège, et ça a arrêté d'un coup!

Ça embarrassait beaucoup mes parents, et chez moi c'était inconscient. Mais dès que je ne pouvais plus parler, que l'on me demandait de me taire, dès que j'en avais jusque-là qu'on me batte pour rien, dès que la situation me devenait intolérable et insupportable, c'était pipi au lit!

C'est une façon comme une autre de s'exprimer. Mes frustrations sortaient comme ça. Je me souviens d'une fois où ça les avait vraiment embarrassés. C'était à Toronto. Papa m'avait envoyée là-bas chez un collègue pour que j'apprenne l'anglais. J'avais douze ans. L'été avant mon entrée à Bourget, maman m'avait accompagnée avec mon frère jusque là-bas en avion. Les gens, ni maman ni moi ne les avions rencontrés auparavant. Ça s'était réglé entre mon père et le père des enfants de là-bas. Entre hommes!

L'entente était que j'allais là-bas passer deux semaines, que je rentrais ensuite, puis que leur fille de mon âge venait ensuite nous retrouver à Montréal: un échange culturel entre enfants d'hommes d'affaires. Au départ, l'idée me plaisait assez. Deux semaines sans bagarres, sans coups, sans engueulades, ça ne se refusait pas. Apprendre l'anglais était pour moi plus que secondaire. Un homme nous attendait à l'aéroport de Toronto, veston vert bouteille, pantalon rouge vin, chemise blanche et cravate verte comme le veston. Anglophone typique, Torontois typique des années quatre-vingt, quoi! Ça nous a fait rire maman et moi, elle plus que moi.

Arrivés à sa bagnole, maman embarque devant, Thomas et moi derrière... Maman montrait ses jambes et faisait son intéressante intéressée, et lui, il faisait son anglophone.

Moi, je regardais par la fenêtre. Ça m'évitait de voir les grimaces que me destinait Thomas et, à un moment, comme ça, je tournai la tête pour regarder maman et vlan! je reçus le beau mignon petit poing de mon charmant frangin sur le nez. Ça coulait de partout, les larmes, le sang... Vraiment! quelle charmante petite famille! Maman me donna des mouchoirs, ordonna à Thomas du regard de se tenir tranquille, et c'est lui qui ensuite regardait par la fenêtre. Le sang finit par s'arrêter de couler ainsi que mes larmes, et on arriva à destination, dans un quartier typique d'anglophones, très chic, très bien, très riche. Une superbe maison. Que c'était beau! Il nous fit visiter, m'indiqua où poser mes affaires. Il discuta un peu avec maman et on rencontra sa femme. Du coup, maman laissa son air intéressant intéressé et le transforma en un air distingué, raffiné et très très cultivé. Elle rencontra vite fait les deux filles, la grande de seize ans et la petite de douze ans. Comme moi!

Je fis tout de suite la bise à maman et je me laissai entraîner par la petite Kathleen, qui me fit découvrir des tas de nouvelles choses. Elle avait des jouets vraiment extra celle-là! La première semaine, c'était pas trop pire, mais personne ne parlait français dans cette foutue maison et moi, je ne comprenais rien à leur jargon. Ce que je pouvais me sentir stupide!

Ils me parlaient en gestes. Je me sentais comme une extraterrestre. Kathleen se faisait un plaisir de me montrer à tous ses amis, comme une chose spéciale, comme un objet rare. Et le dimanche arriva, la messe et merde! Et puis là, ce n'était ni en anglais, ni en français, mais en latin leur truc. Vraiment! ça commençait à me rendre malade, tout ça. Et hop! pipi au lit, et hop! pipi au lit!

Pipi au lit sur pipi au lit. Bien embarrassée, je ne leur disais rien. D'ailleurs, quoi leur dire? C'est déjà dur de dire ça en français, en anglais ça m'apparaissait impossible. Au troisième jour, je n'en pouvais plus de coucher dans mes draps sales.

— Il faut que j'appelle ma mère. *Ma* maman.

— *No! you have to wait when my parents are gona be back!*

Je ne savais pas ce qu'elle racontait celle-là, mais j'avais en tête d'appeler et j'appellerais, il le fallait. Les parents étaient sortis pour souper chez des voisins. C'était la sœur de Kathleen qui nous gardait, la chipie.

Je voulais téléphoner, elle ne voulait pas. On s'est bagarrées avec le téléphone et je suis partie en courant dehors en jaquette; elle a voulu me retenir, je me suis débattue et je suis partie.

J'ai couru, couru, couru, et je me suis arrêtée. J'étais fatiguée. Je cherchais un endroit où dormir. Je me suis approchée d'une maison et je me suis couchée dans les buissons. Bien cachée, bien à l'abri, je reprenais mon souffle, je me calmais enfin et, qu'est-ce que je vois? Une voiture de flics qui roulait lentement et des radios de flics qui se disaient des choses que je ne comprenais pas.

La trouille, mes amis! Il ne fallait pas qu'ils me trouvent! Qu'est-ce qu'ils étaient pour me faire si... Ah non! Et j'ai couru encore, mais là, c'était pour sauver ma peau. Il me fallait tout d'abord les semer, puis trouver des Français, et enfin je serais sauvée. Il n'y avait qu'une solution, trouver une maison avec une fenêtre ouverte ou une porte déverrouillée et y entrer, y dormir, y trouver des vêtements et, tôt le matin, partir à la recherche de Français. Génial, une porte moustiquaire, j'entre... je file droit vers la garde-robe et je ne bouge plus. Bah, ce n'était pas trop confortable. Je ressors, il me fallait trouver mieux, une maison avec fenêtre ouverte et chambre d'invités où je pourrais dormir et au petit matin je repartirais à la recherche d'humains, de Français.

Mais je ne trouvais pas. J'allais de terrain en terrain, de clôture en clôture; ce n'était pas de la tarte, c'était du sport. Et il fallait se planquer quand on entendait les radios des flics, et là, ma dernière chance, traverser la rue pour changer de pâté de maisons.

Il était là, le père anglais. Hou... ce qu'il devait être furieux après moi. Bon, il regarda en sens inverse, je fonçai. Yé! Réussi! Et j'étais là dans les buissons. À moi, la liberté! Mais avant, un dernier regard sur ce que je laissais derrière moi… en guise d'adieu. Merde! il n'avait pas l'air furieux du tout et… et le voilà qui s'asseyait sur le trottoir, la tête dans les mains, l'air découragé. Il était assis comme ça. Bon, le tout pour le tout. Je sortis de ma cachette secrète et j'allai vers lui, pieds nus toujours.

«Sonia!»

Il me prit dans ses bras, et me porta jusqu'à la maison avec un large sourire. Il criait des choses que je ne comprenais pas. Il me porta comme ça jusqu'au salon. L'Anglaise, sa femme, me lava les pieds et, une fois bien propre, on me laissa seule. Puis, au bout d'un bon moment, il m'envoya un flic, le plus beau flic du monde. Il ressemblait comme deux gouttes d'eau à Elvis Presley et il me parla en français. Et comme par magie, le lendemain, j'étais sur l'avion, en direction de Montréal. Mes parents et leurs copains ont bien ri de moi:

«Dis-le donc que c'est parce que tu t'ennuyais de nous autres!»

C'est ce que me disait ma mère avec son air taquin. Elle a bien rigolé. On a bien rigolé jusqu'à ce que la mère anglaise appelle ma mère pour lui annoncer que son matelas était foutu!

En prix de consolation, ma mère lui a fait parvenir un palmier en pot, et voilà! Voilà toute l'histoire de Sonia Pascale à Toronto. Je n'y suis jamais retournée depuis.

Les centres d'accueil

Les souvenirs que j'en ai ne sont pas très positifs. Je m'explique: c'est parce que je crois que, personnellement, je n'avais rien à foutre là, que c'était une grave erreur, un coup de théâtre, du gros cinéma. J'y ai appris beaucoup de choses. Des choses nécessaires? Je ne crois pas, mais je peux me tromper. Les centres, les maisons de correction, c'est de la merde. Ça n'aide personne et ça nuit à tout le monde, du moins avec l'organisation merdique qu'ils ont. Le centre Notre-Dame de Laval, un centre fermé, une prison pour jeunes appelée «centre fermé», en est un exemple. Là-bas, on retrouve des enfants comme moi qui ne s'entendent pas avec leurs parents et qui «fuguent» Je n'aime pas ce terme à cause de la consonance négative qu'il a trop souvent pour le jeune. Fuguer pour moi, c'était rechercher un meilleur ailleurs. Quand les parents finissent par se tanner de nous, comme punition ultime, ils nous envoient dans ces endroits.

Sainte-Domitille

Quand je suis entrée, forcée par mes parents, dans le circuit des centres d'accueil, les vingt premiers jours, il y a eu évaluation superficielle de mon comportement dans un de ces centres: Sainte-Domitille. Il y a deux ans, j'ai essayé d'aller chercher les documents, les résultats des évaluations, tout ce qu'ils avaient pu écrire sur moi. Tout ce qu'ils avaient gardé, c'était une feuille d'admission datant de 1984. Je n'ai pas aimé ce centre.

Service Saint-Denis

Je suis retournée chez mes parents pour quelques semaines mais ils m'ont renvoyée et c'est là que j'ai atterri au Service Saint-Denis. C'était l'extase! Enfin des gens parlables, très gentils, très communicatifs: nous nous sommes entendus à merveille. Au Service Saint-Denis, j'avais l'impression d'avoir trouvé une famille. J'y étais super à mon aise. J'avais la considération des gens. Je n'en demandais pas plus. J'avais tout ce que je pouvais désirer, un endroit où je pouvais enfin m'épanouir, être moi, pas plus ni moins. C'était génial.

Le matin, je me réveillais de bonne humeur, je me brossais les dents, je me lavais le visage, je rasais le coco de mon ami Louis, puis je déjeunais. Après, je trouvais une pensée de la journée dans mon petit livre de proverbes. Je fixais sur le frigo, avec des aimants, sur une feuille de papier, le proverbe qui m'avait le plus inspirée ou celui sur lequel j'étais tombée, selon que j'étais pressée ou non. Je leur souhaitais bonne journée, et hop! c'était parti pour l'école, en secondaire III. Moi, mon lunch et mon sac d'école, on se dirigeait vers l'école Émile-Legault, une école publique, une polyvalente comme on dit.

À l'école, ce n'était pas génial, mais ça allait. Le premier jour ne fut pas le plus difficile. Au contraire, on avait désigné un élève qui était en charge de moi pour la première semaine. Très gentil garçon, qui m'avait fait visiter la gigantesque école pleine de corridors, d'escaliers, de locaux et d'élèves. Il était espagnol.

«Où est la classe de maths?
— Juste là, viens, je t'accompagne.
— Où sont les locaux de gym?
— Attends, je viens avec toi.»
Dieu qu'il était gentil.
«J'ai un peu faim.
— Tiens, prends ça.
— J'ai soif…
— Juste là.
— Tu m'expliques…
— Oui, oui, tout de suite.»

Et toujours le sourire, un sourire qui rendait intéressant tous les sons qui sortaient de cette bouche-là, et des yeux… Tous ses gestes étaient doucement synchronisés, agilement exécutés.

En arts plastiques, j'avais un cours avec un copain à lui. Je voulais tout savoir de l'Espagne. Le copain était aussi de là-bas, et il répondait à mes questions sur l'Espagne, puis… sur les Espagnols:

«Mais comment les séduire, les Espagnols? Ou plutôt comment savoir si eux sont intéressés à nous, si, nous, on l'est?»

Le pauvre croyait que ma flamme était pour lui, mais ça, je ne l'ai su qu'après. Quand il répondait à toutes mes questions, il me suggérait d'y aller directement, prétendant que c'était la meilleure façon. C'est ce que j'ai fait. J'y suis allée directement, malgré cette fille que je voyais parfois à son bras. De ça aussi, j'en avais parlé au copain... il m'avait dit que non, ça ne voulait rien dire, cette fille, mais lui me parlait de lui.

J'ai joué le tout pour le tout:

«Salut, je t'ai écrit une petite lettre, lis et tu comprendras...»

Mais c'est elle qui me l'a arrachée des mains. Elle arrivait de je ne sais trop où, et elle me l'a arrachée littéralement. Elle a lu tout haut les quelques mots, quelques phrases. Elle l'a fusillé du regard, et elle s'est mise à me lancer des insultes, dont entre autres que je n'étais pas belle et que ma beauté s'arrêtait à ma chevelure. Alors, trois ou quatre mois après, j'ai tout coupé très court, sans que personne ne sache pourquoi. Cela a désolé ma mère et ravi mon père. Moi, je n'étais pas très à l'aise, j'avais l'habitude d'avoir le cou et le visage bien entourés, et là je me retrouvais sans rien. Mes cheveux, ça me protégeait des regards importuns. Je n'avais qu'à baisser la tête et je ne voyais plus personne, et plus personne ne me voyait.

Du monde, dans cette école, il y en avait, et de toutes les couleurs! C'était culturellement intéressant. Il y avait des Laotiens, des Espagnols, des Québécois, des Syriens, des Jamaïquains, des Haïtiens aussi et des Grecs, etc.

Au collège Bourget, il n'y avait que moi et un autre garçon plus jeune qui étions colorés. Il y avait aussi Fong qui l'était un peu, et c'est tout, alors, quel changement! J'aimais ça. Je voulais apprendre au maximum, alors je parlais à tout le monde, et dans chaque groupe je me suis retrouvée avec un ou deux amis. Ça a duré un temps, jusqu'à ce que Jack, un Jamaïquain, s'en prenne à Daniel, un Syrien.

«Laisse nos femmes tranquilles!»

Je n'en revenais pas, j'étais une femme! Wow! Le pauvre Jack était sérieux, il alla même jusqu'à menacer Daniel de lui organiser le portrait comme on dit par chez nous. La guerre était lancée. Au début, je me disais que ça n'allait pas durer, mais ça a duré, et c'était de pire en pire. Alors, j'étais pour séparer mon temps de récréation en parts égales entre les *gangs*.

Ça, c'était l'école. Mais il n'y a pas que l'école dans ma vie. Le soir et les fins de semaine, j'étais au Service Saint-Denis, avec mes amis.

Le Service Saint-Denis était offert aux jeunes entre quinze et vingt-cinq ans. Mais j'étais la seule mineure, alors tout le monde m'épargnait. C'était en majorité des garçons qui y résidaient, dix garçons pour deux filles, et tous m'épargnaient.

J'étais la petite rigolote, la petite douceur, la petite princesse dans le groupe, et je m'occupais de mon petit monde et je rasais la tête de Louis, je coiffais Marc, un homosexuel génial qui me servit d'échantillon de la population mâle homosexuelle, de mascotte même. Il était bon ambassadeur, gentil, beau, délicat, agréable à souhait. Le seul problème, c'était qu'il soit homosexuel, mais ça ne me dérangeait en rien. On s'entendait bien. C'était une femme sans en être une, sans les défauts d'une femme, et un homme sans les défauts d'un homme. Il y avait aussi Sylvain, un top-grano au ralenti; lui, il faisait mon éducation alimentaire et spirituelle. Comme il était rigolo! Éric, c'était autre chose, il était blond aux yeux bleus et il avait tout de Charles. Ça ne pouvait que l'aider dans l'obtention de faveurs de ma part.

Je l'aimais, et il ne me détestait pas. On ne couchait pas ensemble, on se tenait la main dans la rue... c'était bien mieux. Louis, Marc, Sylvain et Éric formaient mon équipe anti-invasion. Ils m'auraient protégé des invasions ennemies, si invasion ennemie il y avait eu. Que ce soit à l'école ou ailleurs, ils me protégeaient. Rien de mal ne pouvait plus m'arriver, et moi, en échange, je prenais soin d'eux. Comme s'ils étaient mes enfants, je les écoutais quand ils avaient besoin de parler même si je n'arrivais pas à tout comprendre. J'écoutais, et parfois je posais des questions, parfois j'interrompais leur discours pour des questions qui me permettaient d'en apprendre sur la vie.

Ah! il y avait aussi Tony! Un Italien génial. Lui, il me chantait des chansons en italien, et il m'enseignait quelques mots de base de la langue; il était en charge de me border en chansons. Tous les soirs de mon séjour, avant le dodo, je faisais le tour de mon armée, les saluant tour à tour, leur donnant à chacun leur part d'amour, puis Tony venait s'installer avec sa chaise à côté de mon lit et il chantait pour moi.

Il chantait jusqu'à ce que je cède, et finalement il me disait: «Bonne nuit, princesse», et il sortait en prenant soin de fermer la porte de ma chambre tout doucement.

Ce que j'ai pu pleurer en partant de là. J'étais bien, moi, j'apprenais plein de choses sur la vie, à faire la cuisine. Le ménage même était une fête là-bas.

Habitat Soleil

Au bout d'une trentaine de jours, ils m'ont envoyée à Habitat Soleil, un centre ouvert dans l'est de la ville, et ils m'ont désigné un travailleur social à la con, Jean-Paul Vimont, un petit baveux de T.S.

C'était passer du paradis à l'enfer. Je me sentais vivante, chanceuse de l'être. Du jour au lendemain, je n'eus vraiment plus envie d'être là. Il n'y avait pas que mes parents qui pouvaient être opprimants, restreignants, «pognants», «djamants», «chiants», et j'en passe. Je voulais mourir.

Le samedi 18 mai 1991

La première rencontre avec Jean-Paul eut lieu au centre d'Habitat Soleil. Il me posa deux questions après s'être présenté:

«Bonjour (il me serra la main), je m'appelle Jean-Paul Vimont. Je suis ton travailleur social. C'est moi qui dorénavant m'occuperai de toi.»

Il attendait une réaction avant de poursuivre. Je lui fis un petit sourire timide et il poursuivit:

«J'ai entendu tes parents, j'ai lu ton dossier, mais maintenant j'aimerais savoir. Toi, qu'est-ce que tu penses de tout ce qui t'arrive. Quelle serait pour toi la meilleure chose à faire? T'as envie de vivre quoi?»

Comme je le trouvais bien... du moins, jusque-là, il avait été parfait, telle fut ma réponse:

«Je veux retourner au Service Saint-Denis, j'étais bien là-bas, les gens y sont sympathiques.»

Sa réponse me désola:

«Non, ce n'est pas possible, c'était une erreur de la part du juge Malenfant de t'avoir envoyée là-bas. C'est un centre de majeurs.

— Mais...

— Non, désolé, il n'y a rien que je puisse faire en ce sens.

— O.K.! alors ce que je veux, c'est de me prendre un appartement, de me trouver un boulot...»

Et c'est là que les problèmes ont commencé:

«Ah! ah! ah! tu veux vivre comme une fille de plus de dix-huit ans et tu n'en as que quinze!

Il prit un ton de: «C'est ça ton problème, j'ai trouvé», mais il se rendit vite compte que ce n'était pas si facile. Il avait ri de moi? O.K., alors plus rien: «Si tu sais si bien, eh bien! débrouille-toi sans moi. Jamais plus tu n'auras à rire de moi, je ne te dirai plus rien.» Et voilà que toutes les portes étaient fermées à double tour, il n'y avait plus rien à tirer de moi. Je ne lui parlerais plus, je ne répondrais plus à ses questions et je dirais oui à toutes ses recommandations. Je ne voulais pas de problèmes, j'en avais déjà assez.

J'ai été quelques mois sans lui adresser la parole. Il venait pourtant me voir assez fréquemment au centre:

«Puis, ça va?

— Oui.

— Comment t'aimes ça ici, t'es bien?»

Je haussais les épaules en scrutant le plancher et il continuait son monologue, mais je ne bronchais sur rien:

«Je suis là pour t'aider, il faut me parler un peu, me dire comment ça se passe pour toi, sinon je ne peux faire mon travail.

— Je suis fatiguée... je peux-tu m'en aller là? C'est-tu fini bientôt?

— Et la pilule? Tu as des relations sexuelles et...»

«Non, monsieur, j'en ai pas, j'en ai plus. Ça fait trop de problèmes coucher avec les gars», me disais-je. Mais à lui, je ne disais rien. Et ils m'ont fait essayer des pilules de toutes les sortes. Je détestais ça et toutes me donnaient mal au cœur. Ça m'affectait doublement parce que je ne mangeais pas. Eux, ils n'en savaient rien, du moins ils n'ont rien su jusqu'à ce que je tombe vraiment malade. Le T.S. pleurait quasiment, il suppliait que je lui parle, il m'offrit même son amitié, promit mille choses. *No way*. Mais j'ai craqué, je lui ai parlé! C'était plus tard, à Notre-Dame de Laval.

Fugue d'Habitat Soleil

Je suis partie de là en fugue pour 10 jours (du 19 au 28 avril 1984). J'étais en vacances avec les copains du collège. Au collège, c'était comme ça, on avait une semaine par mois environ de congé. Je n'étais plus au collège, mais…

Donc, le 19, je cours chez Charles:

«Salut, Charlo. Ça va?»

Il n'avait pas l'air trop content, il avait toutes les raisons du monde de ne pas l'être, je l'avais foutu là, comme on fout une paire de chaussettes sales au panier. Mais ce n'était pas ma faute.

«Charles, je suis désolée, j'ai eu des tas d'emmerdes, je croyais être de retour au collège, mais j'ai pas pu. J'ai besoin de toi, Charles. Je risque ma peau pour être là, alors s'il te plaît, ne fais pas le con.»

Voilà ce que j'aurais pu lui dire, mais j'avais pas les mots, alors j'ai souri et je lui ai dit maladroitement:

«T'es fâché? Tu m'en veux pour quelque chose?»

Ça, oui, il m'en voulait, mais ce n'était pas le temps, bon Dieu! C'était le temps d'en profiter, de rigoler, de vivre de bons moments avant mon retour à l'enfer. Je sentais le temps qui s'écoulait. Tôt ou tard, j'allais devoir retourner au centre.

Moi, je rêvais à une fin de semaine de rêve, de lui et moi au chalet comme avant. Mais non, Charles avait appris à Bourget que Teddy et moi avions sorti ensemble. Dieu qu'il était mécontent! Mais ce n'était pas comparable, et puis ce n'était pas important, j'étais là!

Je me mis au piano, ils avaient un beau piano à queue dans leur salon, et je jouai *Les jeux interdits*, le seul morceau que je connaissais bien. Je le jouais et je me sentais horriblement détestée. C'était mon tour de me sentir comme une chaussette sale jetée au panier.

Son père est entré tout doucement, il s'est appuyé sur le cadre de porte et m'a regardée longuement, tendrement. Je ne me suis pas aperçu de sa présence tout de suite, ce n'est qu'au bout d'un moment, en levant la tête, que je l'ai vu là. Il me regardait comme un père regarde sa fille, avec plein d'amour dans les yeux, plein d'amour et de calme, de paix. Il m'aimait bien, le père Lasource, et je ne le détestais pas non plus. C'est sûr qu'il n'avait pas idée du bien qu'il m'avait fait en me regardant comme ça, en me donnant cette attention, gratuitement. J'allai retrouver Charles:

«Veux-tu que je m'en aille?»

Il ne répondit pas… et je suis partie. En gros, c'est ce qui s'était passé, cette fois-là. Je me suis retrouvée assise dans les marches d'escalier. Bien bon pour moi. Je suis restée là un moment. Je me souviens de m'être blottie dans un coin de la grande galerie avant. Puis, finalement, je suis partie, il ne faisait pas chaud. C'est chez Teddy que j'ai abouti:

«J'ai pas de place où coucher.

— Entre.»

On a parlé toute la nuit. Au début, je lui en voulais. Après tout, c'était un peu à cause de lui que Charlo m'en voulait. J'avais passé mon temps à pleurer.

«Tu lui as dit que j'avais pleuré?

— Ben non… Il se serait demandé ce que je t'avais fait et il m'aurait cassé la gueule.»

Teddy avait peur physiquement de Charles. Il avait bien raison d'avoir peur. Charles lui avait donné plus d'une raison d'avoir peur. Juste le temps qu'on avait passé ensemble, au collège, Charlo lui avait foutu une de ces frousses. Disons-le carrément, Charles détestait Théodore. Je me souviens qu'au temps du collège, Charlo avait même été jusqu'à le menacer avec son casque de foot-ball.

Charles était arrivé sur nous, comme ça, après l'entraînement. Je croyais qu'il venait pour me parler. Je m'étais tirée en douce, et Charlo avait pris Ted par le collet, l'avait tassé sur le mur et avait pris un élan avec son casque comme s'il était pour le frapper, puis s'était arrêté à deux poils de sa tête. Teddy était dès lors plutôt verdâtre, et Charles avait poursuivi en le brassant un peu et en lui lançant:

«Toi, le smatt, tu la laisses tranquille!»

Après ça, quand j'étais avec Ted, on s'arrangeait pour ne pas être vus ensemble de Charlie. Je fuyais Charlo autant que Ted pouvait le fuir.

Enfin, Teddy m'expliqua combien il m'aimait.

Sûr que Teddy m'aimait, je ne comprenais pas trop par quelle magie, mais c'était comme ça, et Teddy était très libéral dans l'âme. Il était le seul au courant de la situation avec mes parents. Il avait déjà vu mon père, comme ça, une fois, après le soir en question où j'avais braillé toute la nuit. Le matin suivant, mon père avait retonti chez Ted pour récupérer sa fille. Il était furieux, horriblement agressif. Il ne m'avait même pas laissé le temps de saluer la famille avant de partir. J'étais rentrée à la maison à coups de pied dans le cul, comme on dit. Dès lors, j'avais été considérée comme une putain à la maison. Il avait appris pour Charles. Il avait posé une question, il avait eu une réponse. La question fut posée au père de Charles au téléphone.

«Est-ce que, quand Pascale couche chez vous…, est-ce que vous les laissez coucher dans le même lit?

— Oui.

— Ce n'est pas sérieux…»

Il était furieux, et le père Lasource, lui, trouvait ça drôle.

«Écoutez, monsieur, la vie sexuelle de mon fils, ça le regarde.»

Mes parents étaient pas mal *stuck-up* comparés aux parents de mes copains.

Pour en revenir à Teddy, cette nuit-là j'avais couché chez lui.

Et puis les remords! Je repensais à Charles... il était pour rentrer au collège comme ça. Avec Teddy, c'était génial, mais l'homme de ma vie c'était Charles et j'étais pour rentrer en centre d'accueil comme ça. Peut-être que je n'allais jamais le revoir. Je voulais lui dire, qu'il sache que, même si je n'étais pas là, j'étais là, que c'étaient les circonstances, que ce n'était pas toujours pour durer, qu'un jour je serais stable et que ce jour-là on pourrait être ensemble. Je rappelai Charlo, et il était de bonne humeur, et on s'est vus, le soir avant qu'il rentre au collège Bourget. Il m'aimait encore.

«C'est toi que j'aime, Charles.

— C'est toi que j'aime, Pascale.»

Et il ajouta son fameux:

«Madame Parizeau, vous m'êtes une perturbation.»

Ce qui me confirma qu'il ne m'en voulait plus, et on reparla des enfants qu'on était pour avoir un jour.

«Je veux que tu sois heureux, Charles, mais là, avec mes parents...

— Je sais ce que c'est. Moi aussi, j'ai déjà eu des problèmes avec mes parents. Pas vraiment, mais...»

Il comprenait, c'était le principal. On est allés le conduire, son père et moi, au bus du collège.

«Je te dépose chez toi», me lança son père.

«Surtout pas!» me suis-je dit et, l'air de rien:

«Non! non! ça va, je vais rentrer en métro.»

Du métro, j'ai appelé Ted. Mais Teddy me mit à l'aise une fois de plus. Il était tout le contraire de Charles et, en même temps, il n'était pas si contraire que ça.

Teddy, les filles l'aimaient bien. Il avait de l'impact, comme on dit, et il ne s'en plaignait pas, et moi ça m'arrangeait un peu parce que pour moi il était seulement un copain. Il fallait que je n'attache personne, alors c'était O.K.

Un bon matin, la maman de Teddy trouva que ça avait assez duré; elle ne voulait plus me garder clandestinement.

Merde! C'est là que j'atterris à l'Escale, le centre de *dispatching* des adolescents, le 28 avril 1984.

Deux jours à l'Escale et après j'ai eu droit au gros luxe des centres d'accueil: Notre-Dame de Laval, sécurité maximale, quatre mois.

Le jeudi 23 mai 1991

En cour avec le juge Gendron, après deux mois à Notre-Dame de Laval

Après deux mois de détention, on a été appelés à repasser en cour pour réévaluation de dossier. Ça ne m'énervait pas trop. J'étais bien représentée, j'avais un avocat chic comme tout. Il savait ce qu'il faisait, il avait toute ma confiance, ou du moins le maximum de confiance qu'il m'était possible d'avoir en un adulte. Et le juge Gendron était très bien. Je sentais qu'on était de la même race, Me Lambert, le juge Gendron et moi. Gendron me l'avait prouvé lors de notre première comparution.

Ma mère se trouvait à la barre en train d'expliquer quelle peste j'étais, aussi respectueusement (hypocritement) que possible. Elle s'adressait au juge. Ce qu'elle disait, je ne pourrais le répéter exactement; franchement, je n'écoutais pas. Elle me blasait, mais je me souviens qu'elle responsabilisait le collège Bourget, disant que les problèmes avaient commencé dès mon entrée à ce fichu collège. Selon elle, c'était le collège qui avait changé son ange en démon, son rêve en cauchemar (ses fantasmes en réalité). Le juge Gendron l'écoutait mais, quand elle eut fini, il lui lança, du haut de sa grandeur:

«Ça me surprendrait beaucoup que le collège Bourget soit de quelque façon à l'origine des problèmes que vous vivez avec votre fille, madame. Le collège Bourget, je connais très bien, tous mes enfants y ont fait leurs études.»

Fallait voir comment il avait dit ça, avec quelle souplesse, quelle agilité... Ça coulait, et elle... elle fut d'abord flattée qu'il constate que Bourget était un bon choix. Elle s'attendait peut-être à ce qu'il lui dise: «Oui madame, et combien ça vous coûtait par mois?» Là, elle se serait fait un plaisir de lui dire la somme quand même considérable que cela impliquait «Oh! madame, votre fille est à ce point ingrate! etc.», espérait-elle peut-être qu'on lui rétorque, mais ce n'est pas ce qu'elle a entendu.

Je n'en croyais pas mes oreilles! Son jeu n'avait pas marché. Elle ne pouvait donc pas rouler tout le monde. Sacré juge, il était perspicace! Il était moins con qu'il n'en avait l'air dans sa robe noire. Oui! sa robe noire me sembla même très honorable. Après tout, c'était en partie grâce à elle que l'effet avait été aussi grand. Ma mère devenait de plus en plus plaquée, plaquée rouge. Ça avait débuté par les joues, le cou... maintenant même les oreilles étaient rouges.

Je n'en revenais tout simplement pas. Quel culot! J'aurais voulu courir dans les bras du juge et m'y blottir en le suppliant de me protéger, d'arrêter ce cauchemar. Mais j'étais orgueilleuse et fière, alors j'ai souri. Un sourire de satisfaction, et à partir de là, je n'ai plus eu peur.

Et mon avocat m'a glissé à voix basse qu'il connaissait le juge Gendron, qu'ils avaient étudié ensemble à l'école de droit.

«Ah oui! chuchotai-je. Alors il faut m'arranger ça, il faut lui dire que...

— Mais ça ne marche pas comme ça...»

Merde! l'intégrité, c'est pratique à certains moments, mais à d'autres... Malgré le fait que j'aurais aimé qu'en mon nom le juge Gendron mitraille ma pétasse de mère des insultes qu'elle méritait, j'étais quand même heureuse de constater qu'il y avait d'autres sortes d'adultes près de moi qui n'étaient pas cons. Je leur voue beaucoup de respect à ces deux-là, encore aujourd'hui.

Ils ont discuté, le juge Gendron, Me Lambert, ma mère, le T.S. plutôt que ma mère. Elle, elle s'était assez fait brasser, là, elle se tenait à carreau. Et avant la fin, juste avant la fin, le juge Gendron m'expliqua ce qui allait m'arriver. Je n'ai compris que le tiers de ce qu'il a dit. J'aurais pu lui demander de répéter avec des mots plus usuels, mais je voulais qu'il voie bien qu'on était sur la même longueur d'onde, et quand, après ses explications, pour les besoins cérémonieux de la cour, il m'a demandé:

«Est-ce que ça te convient comme ça?»
je lui ai répondu avec le même air professionnel que papa aurait pris en pareille situation:

«Parfaitement, monsieur le juge!»

Et il a souri comme un père sourit à son enfant quand il est fier de lui. Je discernais même, dans son regard, un: «T'as bien fait ça.»

Je n'avais pas fait grand-chose, mais si mes parents n'étaient pas fiers de moi, ce n'était pas grave, il y en avait des mieux qu'eux qui l'étaient. Après, on a quitté la salle d'audience et mon avocat a répondu à mes questions.

«Bon! là, qu'est-ce qui va m'arriver? J'ai pas trop compris…»

Je retournais à N.D.L. pour l'été. En septembre, je retournerais chez mes parents, chez ma mère (encore deux mois enfermée). Mais le juge avait ajouté: elle pourra aller chez sa mère toutes les fins de semaine… Indépendamment de son comportement, elle ira chez sa mère. Wow! «Indépendamment de son comportement»! Je pouvais continuer de leur dire ce que je pensais en paix à ces connards d'éducateurs. Et dans deux mois hop! Fini! *Ciao* la visite!

La bambolina à Notre-Dame de Laval

Partout dans les centres, j'étais assez bien respectée des jeunes. Ils m'aimaient bien. Souvent, je prenais leur défense face aux éducateurs:

«C'pas mangeable ça...»

On était tous à la même grande table rectangulaire pour les repas. Les menus n'étaient pas toujours terribles, comme au collège. «C'est pas mangeable», avait lancé une des filles du groupe après avoir goûté ses patates pilées Sherrif. Elle avait raison, c'était loin d'être très bon, mais moi, ça ne me dérangeait pas. Côté nourriture, je n'ai jamais été difficile. Elle, ça la dérangeait et elle ne s'était pas gênée pour le dire.

«Tes remarques, tu les retiendras la prochaine fois. Si t'aimes pas, tu n'as qu'à pas les manger», lui avait répondu du tac au tac l'éducateur en service.

Et moi, aussi raide:

«Laisse-la donc s'exprimer, elle a le droit. Elle les aime pas? Elle les aime pas. Elle n'a rien fait de mal, puis de toute façon, je suis sûre que c'est pas la seule à les trouver moches, ces pommes de terre.

— Sonia Pascale, veux-tu te mêler de tes affaires? Je te le dis tout de suite, je t'aurai prévenue.

— Sinon quoi... sinon tu vas faire venir les gorilles, puis tu vas... C'est ça? Wow! la menace. Bravo! Tu as de quoi être fier.»

Et en m'adressant aux filles, cette fois:

«Monsieur est éducateur, roi et maître ici... il faut l'écouter, et surtout ne pas dire ce que l'on pense, même si on a raison...»

Et là, l'éducateur n'en pouvait plus de m'entendre.

«Là, tu vas te calmer, tu vas aller en réflexion dans ta chambre.

— Puis quoi encore! De quoi suis-je accusée? Toi, on sait bien, tu peux t'en permettre, t'es ÉDUCATEUR. Wow! Nous autres, il faut se taire et écouter comme des petites connes, mais le problème c'est QU'ON N'EST PAS CONNES! Ça ne t'arrange pas ça, hein?»

Et en lui déballant tout ça, je le regardais dans le blanc des yeux. Ce que j'aurais aimé peser sur un bouton, ou juste du regard pouvoir lui faire éclater la cervelle comme un ballon trop gonflé... Pouf! Et la gueule qu'il avait, une gueule de petit universitaire modèle qui ne savait rien d'autre de la vie, de nos vies, que ce qu'on lui avait enseigné. On était pour lui des cas problèmes, et il fallait sévir et régler. Numéro un, ne jamais se laisser ridiculiser, même si on est tout à fait ridicule, ne jamais se laisser impressionner, même si on nous impressionne, ne jamais céder, même si... jamais, jamais avec les filles, les jeunes avec qui on travaille.

Le problème qui se posait avec moi, c'est qu'on avait eu la même leçon, moi de mon père, lui de l'université ou du centre. Mon père me répétait depuis mes sept ans: «Jamais, jamais! Ne laisse jamais personne te monter sur la tête.» Et c'était une des leçons que j'avais retenues. Et au nom de toute la famille Parizeau au grand complet, au nom des jeunes que je représentais, au nom de tous et en mon nom, j'étais pour me tenir, j'étais pour lui tenir tête à ce pauvre polichinelle.

«Bon, ça suffit! Ou tu vas dans ta chambre maintenant ou je les appelle.

— Ah! ah! qu'est-ce que je vous avais dit. Les gorilles. Wow! Bravo! Tu es fier, j'espère. Parce que je vais te dire franchement, si j'étais à ta place, je ne serais pas trop fier. Pauvre con!

— O.K.! les filles, allez dans vos chambres, on va appeler.»

Le rituel était que, lorsqu'il voulait isoler une fille du groupe et qu'elle refusait, toutes les autres, les onze autres filles, devaient aller dans leur chambre, fermer leur porte, qui se verrouillait automatiquement. Une fois le «cas» monté au trou, les éducateurs déverrouillaient les portes pour que les autres puissent sortir des chambres.

«O.K.! les filles, allez dans vos chambres, on va appeler.»

Je souris en continuant de le regarder dans le blanc des yeux. Lui n'osait pas me regarder et je me levai:

«Non! Restez assises. C'est pas la peine de vous déranger pour moi. Mangez pendant que c'est chaud. Vous me voulez dans ma chambre, alors j'irai dans ma chambre, mais je ne retire rien de ce que j'ai dit. Et j'ai raison, puis tu le sais. À choisir d'être con, c'est conne comme toi que j'aurais voulu être. Salut, les filles…»

Et aussi gentiment que respectueusement, elles me saluèrent. Certaines me lançaient des sourires complices; Marie, Babette et moi, dans une mimique bien à nous, on se comprenait, et le Alexandre avait l'air con, tellement con. C'était bien fait pour lui. Elles étaient moches, ses pommes de terre, et moches ou pas, on était en droit de les critiquer. Et on l'est encore aujourd'hui.

C'est ce genre d'intervention qui me valait la confiance des filles. Elles savaient qu'elles pouvaient compter sur moi. J'avais de la gueule, et, aux yeux de certaines d'entre elles pour qui se défendre signifiait altercation physique, j'avais de la classe. Elles me respectaient même si je n'étais là pour rien de très compromettant. Elles savaient toutes que je ne resterais pas là longtemps. Leurs cas étaient tous plus sérieux que le mien.

Ça a démarré tout doucement, l'air de rien. À ma souvenance, ça devait être un mercredi. Les éducateurs réguliers étaient absents. On avait deux remplaçantes pour notre unité de douze filles. On était toutes installées dans la salle où avait lieu, le jour, les classes. Il devait être dix-huit heures environ, c'était peu après le souper.

Dans la salle de classe, on était là, les douze filles et les deux éducatrices. Activité de la soirée: bingo. Ça emmerdait tout le monde, mais, au moins, ça nous faisait quelque chose à faire, alors on jouait. L'intérêt n'y était pas, mais on jouait, sans se poser de question:

«B-10.

— B quoi?»

C'était Marie qui demandait.

«B-10!

— Parle plus fort, on comprend rien. B-6 ou B-10?

— B-10, de répéter l'éducatrice, plus fort, 10, B-10.

— B-6? Ça n'existe même pas, ton affaire.

— Bon, Marie, là tu arrêtes, tu te calmes. Laisse les autres filles jouer. Là, tu déranges tout le monde...»

Elle en mettait, et nous, on rire. Marie était contente de nous avoir fait rire. Les rôles étaient renversés. Tantôt, c'était nous qui, à force de nous emmerder, commencions à nous énerver et là, c'était elle, l'éducatrice. Devant l'évidence, Marie se foutait de sa gueule. Nous, on trouvait ça plus rigolo que ce jeu à la con!

Plus on rigolait, plus Marie en mettait, et plus on rigolait... Tellement que l'éducatrice s'est vraiment énervée. Mais plus elle s'énervait, plus on se marrait. Ça devenait intéressant tout à coup. L'éducatrice expliqua qu'elle n'avait pas dit B-6, mais bien B-10; elle essayait de prouver la mauvaise foi de Marie, la mauvaise foi tellement évidente de Marie, qui n'avait rien à prouver. B-10, B-6, on n'en avait rien à foutre, on voulait s'amuser, rigoler et là, c'était réussi, on rigolait, et Marie n'arrêtait pas, et les éducatrices, en désespoir de cause:

«Là, Marie, ça suffit, tu déconcentres tout le groupe. Si tu continues, tu devras aller à ta chambre. J'espère que t'as bien compris. On continue. Là, les filles, on se calme!»

Mais on ne se calmait pas, bien au contraire, ça devenait drôlement intéressant. Et voilà que Babette s'y met:

«Comment ça, à sa chambre? Elle n'a rien fait. Voyons donc, ça va pas là-dedans?»

Je ne pouvais pas laisser ça comme ça... il fallait renforcer...

«C'est vrai. Pourquoi la menacer? On s'amuse là, on rigole, c'est bien, on s'amuse enfin!»

Et tout le monde, profitant du désarroi des éducatrices, a dit son petit mot qui allait dans le même sens, jusqu'à ce que:

«Bon, là, Marie, tu vas aller à ta chambre. Tu désorientes le groupe. Tu nous as bien comprises?»

Marie ne bronchait pas.

«Marie, tu t'en vas à ta chambre!»

Et là, c'était suprême, mais les filles ont eu peur. On a manqué de courage, on ne rigolait plus, chacune regardait sa petite carte de bingo, Marie comprise. C'était rigolo, mais ça risquait de tourner au tragique. On était toutes coincées! Et c'est Babette, la plus courageuse, qui a parlé la première.

«Tabarnak! criss! vous êtes pas correctes! Toi, ma tabarnak, si j'te vois dehors, estie que j'te voie pas, parce que j'te jure que tu vas chier dans tes culottes! J'sais pas c'que j'te fais… J't'arrache la tête, estie, j'ta dévisse!»

Babette s'énervait vraiment, avec un naturel agressif surprenant, de quoi faire peur à n'importe qui. Babette, ce n'était pas le genre à lancer des trucs comme ça, gratuitement. Elle le disait, elle le pensait, et il y avait de fortes chances qu'elle le fasse. Une fois dit, c'était comme fait. Babette n'avait rien de la petite femme faible et douce. C'était une tigresse. La souffrance, la douleur, elle connaissait ça. La bagarre, le drame, la vie, la mort, c'était la même chose. Les couteaux, les armes, ça ne lui faisait pas peur, elle savait s'en servir. Babette qui s'énerve, ça pouvait être très dangereux.

Les deux pantins qui se faisaient appeler éducatrices ont eu très peur, et tout ce qu'elles ont trouvé à dire c'est:

«O.K., les filles, allez à vos chambres, on va appeler les *bouncers*.

— T'as peur, ma crisse de chienne! Ben t'as raison d'avoir peur, estie! Parce que le jour où j'vas te mettre la main dessus, j'te lâche pas. En attendant, respire estie, t'es chanceuse que j'sois en dedans, t'es chanceuse!»

Voilà ce que lui avait lancé Babette, en finale, avant d'aller docilement à sa chambre. Et moi, je n'ai rien dit. J'étais estomaquée, je n'avais jamais vu Babette comme ça. Jamais de toute ma vie je n'avais entendu quelqu'un parler aussi durement. Je ne trouvais plus ça rigolo. Et le renforcement? Pas la peine de se fatiguer, ça n'avait pas besoin de renforcement.

J'avais compris, dans ses mots, ses expressions. Tout son corps le disait… J'aurais eu envie de la prendre dans mes bras et de la serrer très fort, lui dire qu'elle était super, qu'elle n'était pas rien, que je l'aimais, qu'elle était comme ma sœur mais qu'il fallait qu'elle m'explique comment on peut être aussi dure. Dieu! qu'elle avait dû souffrir! J'aurais eu envie, mais… Babette avait besoin d'air, d'espace, de liberté, de respirer. Elle était comme un géant blessé, comme un aigle à qui on aurait volé ses œufs. On lui avait enlevé, volé quelque chose d'essentiel. Je ne savais pas quoi mais je savais qu'on le lui avait volé, comme pour moi. Mais moi… on me l'avait emprunté… sans me le demander. Moi, on allait me le remettre. Pour moi, il y avait du moins espoir qu'on me le rende un jour, pas pour Babette.

On a toutes fini dans nos chambres, sauf Marie. Les *bouncers*, c'était pour elle. Les éducatrices continuaient de la tenir unique responsable de tout ce chahut. En temps normal, quand les éducateurs font venir les *bouncers*, et que toutes les filles sont à leur chambre, ils vérifient si les portes des chambres des filles sont toutes fermées avant que les *bouncers* commencent leur boulot ou plutôt finissent celui des éducateurs.

Mais là, les chambres étaient restées ouvertes. Babette et moi étions voisines. Nous étions toutes les deux assises à nos bureaux respectifs, chacune dans sa chambre. Les *bouncers* avaient été appelés, ils seraient là en moins de deux. J'ai eu le réflexe d'enfiler mes Adidas tout beaux, tout neufs, tout rigides, tout solides. Prête à bondir, mais pour quoi faire? Fallait rester *cool*. La violence, je l'avais subie à la maison, je connaissais ça, mais m'en rendre responsable, jamais! Je ne connaissais pas. Je me sentais conne, et même si, verbalement, je pouvais argumenter, défendre un point de vue, attaquer physiquement l'autre, jamais! Ma mère, c'était une pétasse, mais jamais je ne le lui avais dit. Je ne sais même pas si, à ce moment, je l'avais déjà dit à quelqu'un. Je ne parlais pas comme ça. C'était pour moi tout nouveau. Mais il fallait faire quelque chose. Je n'étais pas lâche, il ne fallait pas qu'on puisse le croire. On était les trois mousquetaires à notre première grosse bagarre. Babette avait fait sa part, et Marie était en train de faire la sienne. Elle se débattait là, à même pas quatre mètres de nous. Les balourds étaient arrivés. Ils étaient deux. Ils l'avaient agrippée. Elle ne se laissait pas faire et elle gueulait:

«C'est ça, mon estie! t'en profites pour me pogner les boules. T'aimes ça, mon estie de chien…»

Je n'en pouvais plus, c'était trop, alors je suis sortie, je suis allée chez ma voisine:

«T'es là, pis tu fais rien? lui ai-je lancé.

— J'ai deux poings américains ici. Tiens, prends, prends ça.»

Et elle m'en lança un. Des points américains. Wow! c'était fait comme ça? Pas le temps d'être impressionnée, on l'enfile et on va sauver notre troisième mousquetaire.

On s'installe autour d'eux à des points stratégiques, le poing américain bien en évidence, prêtes à les cogner, ces deux brutes, et voilà Babette qui parle:

«Hé les gars! là vous n'êtes plus deux contre une, on est trois contre deux.»

Ils ont tout lâché, et moi j'ai souri à l'un d'eux quand il a croisé mon regard. Les filles sortaient une à une de leur chambre, après avoir entendu la petite

Charlotte, une des filles de l'unité, crier victoire. Et comme ça, on s'est regardées, toutes les trois debout à nouveau. Elles avaient à un moment douté de moi, maintenant elles ne doutaient plus. À la vie, à la mort! les trois mousquetaires étaient là!

On s'est regardées... et on s'est souri d'un sourire complice. Il n'y avait rien à dire, on savait, on était copines, des vraies, génial! Marie nous avait fait rigoler. Tantôt, on en avait besoin, et ça avait mal tourné. Babette avait riposté, c'était à mon tour maintenant de les amuser. Casser des choses, briser, détruire, se défouler physiquement, elles en avaient besoin et, moi, je n'avais jamais essayé... alors, pourquoi pas?

«Hé, les filles... si on s'amusait un peu?
— Non!
— Oui!
— O.K., qu'est-ce qu'on fait?»

Elles étaient d'accord.

«Le bordel, en commençant par cette chiante salle de bingo, et après on verra.»

Et on ne s'est pas gênées. Chacune à son rythme, le bordel, on l'a foutu. Totalement. C'était comme un rêve. Douze jeunes qui s'éclatent, douze jeunes qui explosent, douze jeunes avec leurs trois millions de frustrations chacune qui se défoulent, qui se défrustrent physiquement, c'est quelque chose. Les *bouncers* nous regardaient aller pendant que les éducatrices tentaient d'obtenir d'autres hommes, d'autres *bouncers* de Cartier, un centre fermé pour garçons, voisin de N.D.L., et de l'aide extérieure aussi. Moi, briser des gros trucs, ce n'était pas mon fort, alors je me contentais de répandre de la poudre Baby Johnson partout. Ça faisait un gros nuage tout blanc, c'était beau, ça voilait. Puis, les billes. On avait des billes pour fabriquer des petits colliers à la con, des pots et des pots de billes, et moi j'ouvrais les pots et je laissais les billes par-ci et par-là, comme on distribue la mie aux oiseaux. Et les oiseaux, c'étaient les *bouncers*. Le rôle leur convenait parfaitement. Ça les a même fait sourire, voire rire. Tout le monde s'amusait.

La salle de bingo, c'est très intéressant, mais il y avait mieux. La cuisine avec les œufs, les bouteilles de ketchup, qu'on avait en quantité industrielle. Une belle omelette sur le plancher. On a même foutu le frigo sens dessus dessous. Il n'y a rien qu'on n'a pas fait. Casser des bouteilles de ketchup sur le comptoir de la cuisine, une, deux, trois..., six... Wow! c'était quelque chose. Je n'en croyais pas mes yeux. Moi, faire ça? C'était à mourir de rire. Impensable mais vrai! Jamais je n'aurais cru cela de moi!

«C'est trippant, c'est comme dans Pink Floyd, *The Wall*, pareil, yaou...»

Ah bon, moi... le film, jamais vu! Mais si c'était comme dans le film, ça devait être bien. Ça ne pouvait pas durer toute la vie. Puis, les *bouncers* ont commencé à s'en prendre aux plus petites, qu'ils ont montées au trou. Et de plus petites en moins petites, ils ont fini par ramasser tout le monde, sauf Babette, Marie et moi. Une imprudence, et Marie s'était fait coincer. À six *bouncers* sur une fille, même bien baraquée, rien à faire, ils l'avaient eue. Il ne restait que nous deux, Babette et moi. Le bal durait depuis plus de deux heures. Tout était «destroyé» ou presque. Les six mecs s'approchèrent, nous regardant.

«Et puis, les filles, vous montez ou on vous monte?»

Tout gentiment, on leur a souri, on s'est regardées, on a pris le temps de décider, de se donner l'impression et de leur donner l'impression qu'on avait le choix... et on a conclu: «Bof, on va monter», et bras dessus, bras dessous, on est montées, elle et moi bien entourées. L'atmosphère entre eux et nous était plutôt relax. Je n'avais rien d'une fille violente. Tout ça était pour moi une façon de m'affirmer et Babette n'était pas stupide non plus. Ils s'en sont rendu compte. À la limite, je crois même qu'ils ont compris. Je ne pousserai pas jusqu'à dire qu'ils nous donnaient raison, mais sûr qu'ils ne nous donnaient pas tort. Arrivées en haut, Babette et moi avons été mises dans la même cellule, pour un moment. On en a profité pour se marrer totalement, rire de satisfaction. On n'arrivait pas à croire, c'était trop... Yae Yae, et la tête des éducateurs réguliers quand ils rentreraient demain matin. Oh là là, la tête qu'ils allaient faire, ça n'allait pas être beau.

La porte de la cellule s'ouvrit...

«Vous, les filles, va falloir vous séparer. Laquelle vient avec nous?»

Babette avait envie de se bagarrer un peu, et rendue là, pourquoi pas? Pourquoi ne pas se mesurer jusqu'à la fin? Après, de toute façon, il faudrait se tenir tranquilles pour un moment. Elle leur lança:

«Venez nous chercher!»

Ils n'arrivaient pas à y croire... Ils sont venus nous chercher, et qui allaient-ils sortir? Moi. Trois hommes sur elle et trois hommes sur moi, mais ils avaient fait un mauvais calcul. Leur stratégie pour me sortir consistait à immobiliser la partie la plus forte de mon corps et de soulever le reste. Ils avaient jugé que la partie la plus forte de mon corps était le haut du corps, mais dans mon cas, ce n'était pas ça du tout. Pour une danseuse classique, la force ne se trouve pas dans les bras mais dans les jambes. Bref, ils étaient deux à soulever et immobiliser le haut de mon corps et un seul pour mes jambes. J'avais la taille dégagée, le haut du corps bien assuré, soulevée à un mètre du sol, et le plus petit des six mecs pour retenir mes jambes. Le pauvre, je l'ai coincé. Me servant de l'appui solide que me procuraient les deux autres, je l'ai agrippé par la tête avec mes avant-jambes, et en liant les genoux en inclinant légèrement les hanches, je lui ai cogné la tête à ma sortie de la cellule sur le mur qui se trouvait à ma droite. Bing! Pas très fort, mais assez pour qu'il patine et qu'il ait l'air fou devant les autres. Tout le monde a ri. Après, ils ont refermé la cellule.

«Bonne nuit, Babette.

— Bonne nuit, à demain!

— À demain, fais de beaux rêves!»

Dieu qu'on était fières!

Il ne restait plus que moi à caser. Je me tenais debout devant le petit maigre que je venais de bousculer, et avec un large sourire, droit dans les yeux, je l'ai regardé. Je me suis rapprochée de lui; les autres regardaient la scène en se demandant: «Qu'est-ce qu'elle va nous sortir encore, celle-là?» J'ai saisi son horrible chemise par le collet et j'ai fait éclater un à un tous ses boutons. Personne n'a tenté de m'arrêter, ça avait même une certaine sensualité:

«Ça fait longtemps que tu voulais faire ça, hein?» m'a-t-il lancé, sourire aux lèvres.

Je lui ai répondu que oui et, sourire aux lèvres, je me suis assise par terre aux pieds de ces six hommes. Bon, il fallait me caser maintenant.

«Bon, qu'est-ce que tu fais? Tu viens avec nous. Tu marches ou va falloir te porter?»

Me porter? Wow! Pourquoi pas?

«Bien, portez-moi!»

Et je me suis allongée sur le dos, par terre, à leurs pieds, dans une totale confiance. J'attendais paisiblement qu'ils me soulèvent gentiment jusqu'à mes quartiers. Ils ont souri, et avec une classe qu'ils ne se connaissaient pas, m'ont portée, ces brutes de *bouncers* transformées en serviteurs pour la princesse. J'avais les cheveux à la Cléopâtre, je l'étais maintenant! C'était d'un solennel, c'était féerique. Six hommes qui vous soulèvent comme ça, c'est quelque chose. Je ne suis pas prête d'oublier et je suis sûre qu'eux non plus n'ont pas oublié. Et ils m'ont déposée adroitement sur un matelas sans confort, dans ma cellule qui, grâce à eux, me sembla une suite superbe du *Ritz* ou du *Hyatt Regency.*

«Vous auriez une cigarette, jeune homme?»

Je ne voulais pas les voir partir comme ça, et eux ne semblaient pas vouloir partir non plus. Alors, ils ont envoyé le petit maigre faire le guet, question que l'on ne nous surprenne pas... Je n'avais pas le droit de fumer làdedans. En cellule, au trou, pas de cigarettes, pas de bouffe autre que sandwichs, pipi trois fois par jour et surtout pas tout seul.

On a fumé notre cigarette et on a parlé gentiment. Supersympas, les mecs!

«Tu viens d'où, toi? T'es ici pourquoi?

— Moi... pour des conneries de problèmes avec ma mère, mais je retourne chez moi dans moins de deux mois. Je suis une petite-bourgeoise, mes parents sont assez riches et j'ai des problèmes avec ma mère. Donc je suis ici. Sinon, ça va, j'aime le théâtre...

— On a remarqué.

— Et la danse classique, et puis ce soir, le bordel, je n'avais jamais fait ça de ma vie. Ayaya! ça arrive-tu souvent?

— Non, jamais, c'est la première fois que je vois ça.

— Sérieux?»

Dieu que j'étais fière!

«Personnellement, je m'en fous, dans deux mois je me tire, mais elles... Il y en a qui en ont pour encore quatre ans ici... ça m'écœure. J'trouve pas ça juste. Si ça a pu leur faire du bien de s'défouler, tant mieux.»

Et on a échangé comme ça une bonne dizaine de minutes. L'un d'eux était étudiant en botanique.

«Quelle est la fleur qui me ressemble le plus?»

Il a dit: «L'orchidée.»

Je ne connaissais pas, je n'en avais jamais entendu parler. Il a tenté de m'expliquer les caractéristiques de cette fleur. Il paraît que c'est la plus belle, du moins c'est ce qu'il a dit, et étant donné que les fleurs, ce n'était pas mon affaire mais la sienne, je n'ai pas eu le choix… je l'ai cru sur parole. L'orchidée, je ne connais pas plus aujourd'hui. Mais Rose m'a dit que c'était la seule fleur qui poussait sur la merde, dans des conditions vraiment… et que c'était, oui, la plus belle. Elle a dit aussi que c'était un beau compliment. L'orchidée? Moi? Pourquoi pas?

Ce ne fut pas une histoire sans suite. Le lendemain, la porte s'ouvrit, vers les onze heures, et Cantin, le chef d'unité, entra:

«Bonjour, ça va mieux ce matin?

— Ça va, oui, merci.»

J'appris que j'étais considérée comme principale responsable de tout le chambardement. J'appris aussi qu'il y avait plus de mille sept cents dollars de dommages et que les filles étaient toutes en bas en train de ramasser. Là, j'avoue que je ne pouvais pas le croire, mais enfin, puisqu'il le disait… Mais s'il avait raison, je ne comprenais pas!

«Tu vas venir avec moi. On va descendre à l'unité. Tu vas manger un bon dîner chaud, on va te donner tes cigarettes, et après, tu vas faire le ménage avec les autres, O.K.?

— O.K.»

O.K. pour les cigarettes et la bouffe, mais pour le reste, on verra! J'ai bouffé, j'ai fumé, j'ai salué les filles. Effectivement, elles étaient là, toutes dociles, Babette et Marie y compris, et elles ramassaient le bordel de la veille. J'ignorais quelle méthode ils avaient utilisée pour les convaincre, pour les rendre aussi dociles, mais ça marchait!

«Bon, là, t'as mangé?

— Oui.

— T'as fumé?

— Oui.

— Si tu veux aller aux toilettes, c'est le temps.

— Non merci, ça va, c'est gentil, j'ai pas envie.»

Il me parlait comme on parle à un sot… en prenant bien son temps, pour être sûr que je comprenne tout ce qu'il disait, et moi je lui répondais avec légèreté, gaiement.

«Là, tu vas venir avec moi, vu que c'est toi la responsable. C'est toi, n'est-ce pas, la responsable?»

Il cherchait à me faire avouer mes torts. Amener le malade, le patient, à avouer ses torts, leçon numéro 34 du manuel. Normal qu'il applique ce qui lui avait été enseigné, je le comprenais.

«O U I, oui, oui, c'est moi.»

Je n'avais pas honte! À quoi bon chercher quoi faire dans le cas d'un patient qui n'a pas honte? Ça, c'était à la leçon numéro 74.

«Bon, c'est pourquoi *toi*, tu vas faire le coin cuisine.»

Le plus dégueulasse! Merci!

«Viens avec moi.»

Il avait lu sur mon visage mon peu d'enthousiasme, le con. Il jouissait presque à m'expliquer comment il voulait que je fasse ça, à quatre pattes dans l'omelette, avec une éponge et un seau d'eau. «Moi faire ça, il est malade ou quoi? À quatre pattes! Pas question!» Après m'avoir expliqué le tout, il est reparti retrouver le reste des éducateurs dans le petit bureau vitré d'où ils nous regardaient, nous observaient du haut de leur *Power*.

«Regardez bien, mes mignons. Ici, c'est Sonia Pascale, pas la dernière des connasses, alors regardez et regardez bien, dans un instant le spectacle va commencer.» Et hop! je me dirigeai vers la lingerie chercher un drap. Je revins à la cuisine et j'étendis, avec la grâce d'une ballerine toujours, le drap, sur l'omelette pas cuite qui recouvrait le plancher, et hop, au deuxième drap, qu'est-ce que je vis? Les éducateurs qui sortaient du bureau en panique… toute la *gang* et le Cantin.

«Qu'est-ce que tu fais là?»

Il n'était pas content du tout, et, le plus innocemment du monde, je lui répondis:

«Je ramasse!

— T'as pas compris? Pourquoi tu penses qu'il y a le seau, là?

— Aucune idée.»

Il était au bord de la crise.

«Le seau, c'est pour que...»

Et il réexpliqua la technique devant son auditoire de collègues. Réexplication terminée, il ajouta:

«T'as-tu compris, là?

— Moi? Oui, moi, j'ai compris, mais je pense que toi, t'as pas tout à fait compris... Cantin, penses-tu sérieusement que j'ai tout fait ça pour ramasser après? Voyons, Cantin, pour qui tu me prends?

— Si tu ramasses pas, on va te remonter en haut!

— Peut-être que j'vas remonter en haut, peut-être, mais sûr que je ne vais pas ramasser ça, sûr.»

Et il a appelé les gardiens, et ils sont venus, le botaniste et le petit maigre. En les voyant arriver, quelle heureuse surprise.

«Salut, les gars! Ça va? Passé une bonne nuit?»

Et je leur ai pris le bras, et tous les quatre dans l'ascenseur on est montés. Pas une minute de silence. J'ai parlé tout le long. Cantin aurait voulu leur dire: «Faites-la taire, brassez-la un peu», mais ce n'était pas leur *job* et il n'y avait pas de raison de me brasser. Monter quelqu'un au trou, ça n'avait jamais été aussi agréable.

Le lendemain, Cantin est revenu me voir dans l'avant-midi pour me dire qu'il ferait tout en son pouvoir pour que ma fin de semaine soit fichue.

«Mais Cantin, le juge l'a dit: «Indépendamment de son comportement». Si tu t'embarques là-dedans, tu ne sais pas dans quoi tu t'embarques. Ça vaut vraiment le coup? Je ne suis pas une délinquante, moi. Jamais je n'ai eu un comportement pareil, à part ici. Vous me rendez folle, Cantin, je suis sous l'influence de N.D.L. et ça ne me fait pas. Mais tu fais comme tu veux, c'est toi qui sais.»

À seize heures, il est venu me voir pour que j'aille à l'unité faire mes bagages pour la fin de semaine. Dieu qu'il n'était pas content! C'était bon de le voir comme ça! Toujours les mêmes qui se foutaient de notre gueule, ça commençait à être emmerdant à la fin. Et fine, fine, fine toute la fin de semaine avec la maman. Jean-Paul m'avait prévenue, et, bon, je suivais les recommandations. Pas de ceci, pas de cela, et des oui-oui maman à la tonne, servis sur plateau d'argent. On m'avait dit plateau d'or, mais d'argent ça suffisait. Il ne faut quand même pas pousser. Avec ma mère, ça s'était bien passé.

Et au retour, le dimanche soir, à N.D.L., j'ai demandé à maman de passer chez *Dunkin Donut* pour apporter des gâteries aux filles, question de leur signifier: «J'vous oublie pas.» Maman a accepté pour deux douzaines. Deux douzaines, deux beignes chacune, et rien pour les éducatrices. Elles iront s'en chercher en sortant si elles en veulent. Les filles étaient supercontentes.

Je revenais passer la semaine sur une note semblable à celle de mon départ. Tout pour les filles, rien pour les éducs. Le reste de mon séjour, les éducs ont été dans le très mollo. Avec tout le monde, gentils, tout doux, il y avait eu un changement. Ils avaient eu l'air cons une fois, ça semblait leur avoir suffi, et les filles aussi étaient plus mollos. On avait déconné, on savait qu'on pouvait nous aussi les faire chier; on n'avait plus rien à prouver. C'était *heavy metal* sur les bords, mais je vous jure que ça valait le coup de le faire, au moins une fois dans sa vie, et dans un centre comme N.D.L. à sécurité maximale, c'était vraiment idéal. Je ne regrette rien.

Après... la fin d'août est arrivée en douce. Je suis retournée chez ma mère. Elle m'avait inscrite à Pierre-Laporte, en secondaire IV.

Notre-Dame de Laval, ça donne quoi?

Je les ai détestés, je les ai trouvés cons au plus haut degré. Je les ai emmerdés tout au long de mon séjour et je les emmerde aujourd'hui.

Des trous du cul, des cons. Notre-Dame de Laval, c'est répressif au maximum. Leur but: briser ton caractère et, s'ils ont le temps avant ta sortie du centre, essayer de t'en rebâtir un meilleur selon eux, suivant leurs conditions, leurs normes.

Notre-Dame de Laval, juste de rentrer là pour aller chercher mon dossier, ça a été la fin du monde. Juste de revoir les murs, la bâtisse, la réception, le hall, l'ascenseur, les locaux... et de voir les filles dans la cour, cordées comme des vaches dans l'enclos. Si j'avais été une fée, je les aurais transformées en hirondelles et je leur aurais crié: «Vous êtes libres, mes enfants!»

Non vraiment, ce centre-là, c'est un ulcère. Je ne comprends pas que ça puisse même exister. Ce sont des enfants, bon Dieu, des enfants qui ont été victimes et qui continuent de l'être. Au lieu de leur donner des moyens pour se défendre, au lieu de leur apprendre de réels moyens de défense, on leur enlève tout d'abord ceux qu'elles ont, on les déshabille, on les règle, on les dirige complètement, on les rend légumes.

J'ai eu une amie comme ça. Sandra Larivière, qu'elle s'appelait. Elle était à Sainte-Domitille. Mulâtre comme moi, elle avait été placée là à l'âge de douze ans parce que son père adoptif abusait d'elle sexuellement et que sa mère, ni plus ni moins sans-dessein que lui, acceptait tout ça. Sandra était entrée à Sainte-Domitille à douze ans, y avait résidé jusqu'à ses dix-huit ans, puis à dix-huit ans, on l'avait foutue sur le pavé, libre comme l'air avec un beau chèque de B.S. en mains:

«T'es enfin libérée, ma grande. Bonne chance dehors!»

Et la belle Sandra était contente. Mais dehors, elle connaît qui? Personne. Sa famille? Non, vraiment pas. Des anciennes amies? Entre douze ans et dix-huit ans, il s'en passe des choses. Ça fait six ans qu'elle est placée avec des danseuses nues, qui ne sont pas plus vilaines pour ça, avec des prostituées, supergentilles, mais prostituées quand même, avec des *junkies*, avec des cas perdus d'avance. Des amies avaient voulu l'aider, et en moins de temps qu'il ne faut pour le dire, elle s'était retrouvée au coin de Saint-Laurent et Sainte-Catherine, puis finalement danse nue, et hop! envolée pour Toronto, c'est plus payant là-bas.

Je trouve ça dégueulasse. Pourquoi ça s'est passé comme ça? Pourquoi *c'est* comme ça? Je l'aimais bien, Sandra. Elle était comme moi en plus sage. Elle, elle écoutait toujours ce qu'on lui disait, elle cherchait toujours à être gentille, à en faire plus que les autres, et elle était rigolote. Des joues rondes et un sourire parfait. C'était une soie, cette fille-là.

À l'heure qu'il est, elle est soit morte soit complètement gelée à danser ou à se faire baiser par un connard qui l'évalue à cent dollars quand elle en vaut cent fois plus.

C'est dur pour moi de parler de Sandra parce que je me dis que ça aurait pu être moi. Il y a Babette Dubé aussi. Elle, c'était ma copine à Notre-Dame de Laval, une fille qui était là pour vol qualifié. Elle avait un an de plus que moi, elle se shootait. Elle aussi était gentille, elle et son look rocker qu'on a quelque peu modifié lors de mon séjour à ses côtés. Elle s'habillait avec mes fringues, un petit look collégienne, veston marine, t-shirt blanc, pantalons coupés équitation et tennis. Ça la changeait de ses fringues Harley, et je lui remontais tous les cheveux en chignon ou en queue de cheval. Ce qu'elle avait l'air distingué! Elle-même se trouvait plus belle, plus classe. Elle aussi pouvait avoir l'air de ces autres filles, et ses yeux prenaient une tout autre coloration, ils passaient du terne à l'étincelle. Ce que j'aurais aimé qu'elle soit ma sœur pour toujours pouvoir en prendre soin, à mon aise et selon son besoin, sa volonté.

Il y avait aussi Marie Dionne. Une robuste blonde, plutôt grande. On avait toutes trois environ la même taille, Marie était peut-être un peu plus grande. Marie aussi, c'était tout un numéro. Elle était danseuse de profession et se tapait des clients selon le besoin de son *chum* ou son propre besoin, selon qu'elle avait un mec ou non, mais elle était indépendante et ne travaillait pour personne. Marie était aussi belle que gentille, et elle était très gentille.

Donc voilà, on était les trois mousquetaires! Dans l'unité, on était douze, mais on valait vingt-quatre filles juste à nous trois. On savait que l'union fait la force, alors unies, ça, on l'était!

Un éducateur pilait sur le gros orteil de Marie? C'est moi qui criais. On me tirait une couette? Là, c'était Babette qui gueulait. Et si on effleurait Babette, on était deux à beugler. J'ai revu Babette pour la dernière fois en décembre 1986, sur avenue des Pins près d'une cour d'école. Je me baladais avec Jonathan Raymond. On habitait ensemble sur la rue Henri-Julien à l'époque. Émilie était déjà née, placée temporairement, et je vois une dame penchée à la fenêtre ouverte d'une voiture de flics, en train de les engueuler. On continue, on avance. Jonathan était un peu nerveux à cause de son trafic de *mushroom*.

«Babette… C'est Babette, Jonathan, attends!

— Non, il y a les flics.

— Je ne peux pas continuer comme ça… c'est ma *chum*.»

Il avait l'air déconcerté, lui qui me croyait blanche comme neige et snob. Il n'en fit pas de cas. Une fois les flics partis:

«Babette... Babette, c'est toi!»

Elle titubait, elle était difforme, avec le visage vieilli, les yeux qui cherchaient à rouler vers l'arrière. Elle n'était pas belle à voir, mais elle était belle quand même.

J'ai gentiment passé ma main dans ses beaux cheveux noirs. Eux n'avaient pas changé, plutôt en broussaille, mais toujours les mêmes, aussi doux. Elle osait à peine me regarder:

«Pascale? Pascale...»

Maintenant, on pleurait.

La douce Babette, j'aurais voulu la serrer, mais j'avais peur de la... C'est elle qui s'agrippa à moi. J'étais contente et triste à la fois. Elle me prit le visage d'une main, avec retenue, puis me dit:

«T'es toujours aussi belle... mais regarde-moi, je suis laide, hein?»

J'aurais voulu être millionnaire et l'enlever, l'emmener dans une île avec tout ce dont elle aurait besoin à sa disposition, avec les meilleurs professeurs au monde pour qu'ils fassent d'elle la plus classe des femmes du monde, et pour qu'après elle puisse se balader la tête haute. Mais je n'étais pas millionnaire et elle était honteuse. Je lui donnai mon adresse. Elle promit de venir, elle n'est pas venue. Je lui ai parlé de ma fille.

«Comme elle doit être belle. Quelle chance elle a d'avoir une mère comme toi!»

Elle me lançait des fleurs et se salissait à chaque compliment qu'elle me faisait. Elle se comparait. Babette ne souffre plus aujourd'hui, elle est morte. Et moi, je suis en vie.

J'ai revu Marie aussi à l'été 1989, sur la rue Sainte-Catherine. Elle n'avait pas le temps de me parler, elle «travaillait» comme elle m'a dit. Je lui ai refilé mon numéro de téléphone, mais elle ne m'a jamais rappelée. Elle a probablement eu raison. Elle, elle a toujours cherché à me protéger du milieu. Elle me racontait tout ou presque, du moins juste assez pour que, si l'idée me venait à l'esprit, je la chasse. Je n'étais pas faite pour ça. «Tu te ferais manger toute crue si...» disait-elle. Elle était bien avec moi. «Merci, Marie.»

J'ai aussi revu Charlotte Trépanier en décembre 1990 au métro Frontenac. Charlotte, quand je l'ai connue, elle avait douze ans. Elle faisait la rue et ils l'avaient coincée, alors elle s'était retrouvée à Notre-Dame de Laval, dans la même unité que Marie, Babette et moi. Charlotte, c'était la plus jeune du groupe. Ce dont je me souviens, c'est qu'elle était superactive, et qu'elle était tellement petite qu'elle passait entre les barreaux de nos cellules individuelles. Alors, ils ont dû installer un grillage de poule par-dessus les barreaux, pardessus les carreaux plutôt, parce que c'étaient pas des barreaux, mais des carreaux. Entre vous et moi, c'est la même chose.

Je me souviens aussi qu'on avait annoncé à Charlotte que sa mère était morte d'une surdose; elle avait pris ça mal. Elle criait et pleurait et criait. Nous avions toutes mal pour elle et ils avaient appelé les gardiens. Ils l'avaient amenée au trou, question de l'isoler du groupe. Elle y resta une journée. À son retour, elle nous informa qu'elle voulait aller voir sa mère au salon funéraire, mais que les éducateurs ne voulaient pas la laisser sortir. Ils avaient peur qu'elle fasse une fugue. Finalement, elle a obtenu une permission. Accompagnée de deux gros bras, elle a pu se rendre à l'enterrement. Ils lui ont permis d'apercevoir la tombe dans le fond du trou deux grosses minutes, et hop, au centre, et si tu pleures trop fort, si tu déranges les autres, alors au trou. C'est ça qui est ça.

En ce décembre 1990, elle voulait se suicider pour Noël, aller retrouver sa mère, comme elle a dit. Elle m'a montré ses bras, m'expliquant les tentatives de suicide qu'elle avait faites. Elle m'a donné son adresse, et je n'y suis pas allée. J'avais idée d'y aller, mais j'en ai parlé à ma T.S., Paulette Marchon, et elle m'a dit qu'il y avait la petite... que ce n'était pas bon, et que même si je ne l'amenais pas avec moi, ce n'était pas bon pour moi, que cette fille était finie et que je ne pouvais y changer quoi que ce soit, que je devais d'abord et avant tout penser à la petite et à moi.

Et je n'ai pas hésité du tout. C'était trop vrai. Cette Charlotte est déjà morte depuis longtemps. Je veux dire que, même vivante, elle était morte, et Émilie est soleil et ça doit rester comme ça, Émilie doit rester soleil.

Des fois, je me dis que je m'y prends mal, mais des fois je me trouve bonne, alors ça va.

Hampstead, le mardi 6 août 1991, 15 h

Mon bébé va avoir une vraie chambre. C'est la première fois. Une vraie chambre avec des garde-robes, des fenêtres, un lit pour elle, une table pour faire ses dessins, une chaise qui accompagne la table, un panier à linge sale, ses jouets....

On vient de déménager dans un beau quartier, dans le genre de quartier que j'habitais quand j'étais chez mes parents. Ça s'appelle Hampstead et c'est calme, confortable, solide et beau. C'est un trois-pièces qu'on a loué avec un immense salon, une grande chambre, une moyenne salle de bains et une grande cuisine pleine d'armoires. Il y a cinq garde-robes dans la maison, et l'une d'elles est tellement grande que j'ai même pensé faire ma chambre dedans, mais j'ai abandonné l'idée, c'est grand pour une garde-robe, mais pour une chambre, c'est petit. Ma chambre, mon salon, mon bureau c'est la même pièce, mais ça va très bien.

16 h

Deuxième grande première: dorénavant, on mangera à notre faim!

La rose et l'aubépine

Plus j'écris, plus j'avance dans cette démarche et plus j'ose, plus j'ose raconter à quel point on ne m'a pas aimée, plus j'ai envie de l'être.

Non seulement ma mère ne m'aimait pas, mais elle refusait aussi que l'on m'aime. Un soir de novembre 1984, Charles me téléphone à la maison. J'y étais, entre deux placements en centre d'accueil.

«Je veux te voir, tu me manques, je t'aime. Est-ce que je peux venir te voir, disons…»

Maman était sortie, elle allait rentrer vers les vingt-trois heures et demie. Il était vingt et une heures.

«Si tu veux, tu peux venir, mais il ne faudra pas rester longtemps.»

Maman est rentrée vers les vingt-deux heures et Charles est arrivé trente minutes après, comme ça. Ce qu'il était mignon… il avait mis ses plus beaux habits et, derrière son dos, il cachait une rose. C'est maman qui a ouvert. Elle a refusé qu'il me voie et a ordonné qu'il rentre chez lui! Il venait pour que nous renouions… il venait me pardonner mes absences fréquentes (séjours en centre). Il m'aimait encore malgré le fait que je n'avais pas tenu ma promesse de le retrouver à la rentrée en janvier dernier, presque un an plus tôt, à Bourget. Il n'avait pas posé de question. Je lui avais dit que je ne pouvais lui expliquer. Je lui avais également dit, simplement, que nous avions des problèmes de famille. Des centres d'accueil, je ne téléphonais pas à Charles, et les quelques copains avec qui je restais en contact me croyaient dans un collège de filles à Laval.

Elle l'a chassé comme s'il n'était rien d'autre qu'un voyou. Je crois bien qu'elle le détestait de m'aimer…

«Laisse-moi au moins le raccompagner à l'arrêt d'autobus.

— Non, il n'en est pas question!

— Est-ce que je peux au moins lui remettre ça?

Et du coup, il montra la rose.

Elle se doutait bien de ce que c'était. Du haut des escaliers, on pouvait voir son paquet…

«Non!

— S'il vous plaît, madame Parizeau! Après je partirai, mais…

— Maman, tu ne peux pas lui faire ça! Écoute, je vais chercher la fleur et je remonte.»

Et je suis descendue. Elle resta là avec son regard de glace et ne bougea pas. Elle nous méprisait.

«Ça va, Charles?

— Pas vraiment, non…

— Je sais.»

Nos chuchotements l'agaçaient.

«Allez, c'est assez! Là, remonte! Bonsoir, Charles!»

Un bonsoir qui avait tout d'un «Crisse ton camp!» mais ma mère soignait son vocabulaire devant les gens, alors…

«Bonsoir, Charles…

— Je vais aller l'accompagner à l'arrêt d'autobus, c'est la moindre des choses.»

Et nous sommes sortis.

Elle criait: «Reviens ici, rentre immédiatement!»

Elle se rendit même sur le balcon de devant et elle criait encore:

«Tu vas le regretter, si tu fais ça, Pascale… tu vas le regretter!

— T'en fais pas Charles, ça ira.»

Je l'ai raccompagné, tentant ainsi d'essuyer la gaffe de ma mère. Dans la famille, nous n'étions pas tous aussi

PLAN DE NÈGRE   181

bûcherons, secs et sans un minimum de savoir-vivre. Il
m'a remis la rose et il est reparti, visiblement défait.

«Et après? pensai-je. Après mes dix-huit ans, qu'est-
ce qui va m'arriver? N'en ai-je pas assez vécu jusque-
là?» Je n'ai pas voulu pousser plus loin.

Après plusieurs va-et-vient entre la maison et les
centres d'accueil (parce qu'il y avait un retour à la maison entre chaque placement), le juge Gendron ordonna
un placement définitif. Il ne pouvait que constater que
la partie de ping-pong avait assez duré.

J'avais seize ans... J'avais fait le bilan et... je ne voulais plus vivre, je voulais partir... pour de bon! En finir une
bonne fois pour toutes. Je n'avais plus confiance en la vie.
Le juge avait tranché définitivement: centre d'accueil jusqu'à dix-huit ans. Il en avait marre de nous revoir tous les
deux ou trois mois. C'était toujours la même histoire. Sur le
coup, j'étais contente à l'idée de ne plus jamais vivre sous
le même toit qu'elle. Puis après, je me suis regardée... j'ai
regardé autour de moi, puis en moi... et j'ai vu un grand
vide, un trou noir... sans fond. Seize ans. Une douzaine de
placements... Le cœur en déconfiture, broyé! Vivre... ça ne
me disait plus rien. Je m'étais déjà trop battue. Je voulais
me blottir, que l'on me sauve. Déjà à huit ans, je vivais
dans cet espoir. Mais à seize ans je savais que non, personne ne me sauverait. Je n'avais plus de rêve.

Le lundi 9 septembre 1991, 3 h

Le retour dans les centres d'accueil - Le Relais

Après deux mois à moisir à N.D.L., une place se libère
au Relais. J'y suis transférée en février 1985. Métro Honoré-
Beaugrand, Tétreaultville. Je m'installe là-bas pour une
évaluation d'un à deux mois. Quand ils auront accepté de
me mettre en appartement supervisé, j'irais dès qu'une
place se libérera. D'un commun accord, on décida que je

continuerais de fréquenter Pierre-Laporte, ce que je fis. Métro, autobus, matin et soir, mais la route, cela ne me faisait pas peur, j'aimais ça. C'était mon temps de rêverie. Je trouvais ça génial. À Pierre-Laporte, on montait une pièce de théâtre, ce qui faisait que je rentrais tard le soir au Relais.

Hampstead, le samedi 14 septembre 1991

Escapade manquée à Cancun

Papa appelle au centre dans la semaine. Il voulait voyager avec Thomas et moi pour la fin de semaine, partir à Cancun. Je ne me suis pas fait prier.

«Cancun? T'es malade?

— Viens-tu ou pas?

— Bien… oui. Oui, j'vas y aller.»

Et on est allés se faire chauffer la bedaine deux jours. À Montréal, ce n'était pas très chaud, le contraste était agréable. La grande liberté! Papa était superrelax. Supergentil. Calme. À l'écoute. Surprenant!

Et comme ça, évachée sur le sable blanc, la bedaine au soleil, je me suis mise à réfléchir. Il me fallait foutre le camp, trouver un moyen de rester au Mexique. Il y avait un garçon à la terrasse qui semblait relax, sympathique et compréhensif. Il avait une gueule de mec qui a plus d'un tour dans son sac. Il m'organiserait ça. Je pourrais travailler et me démerder pas trop mal.

Il pourrait sûrement me trouver un endroit où me cacher une semaine ou deux, en attendant de trouver quelqu'un qui pourrait me faire de faux papiers. Comme par magie, j'allais me retrouver libre. En plein ce qu'il me fallait. Mais si je me faisais choper: la galère! Alors, il me fallait tout calculer, car mon père ferait tout pour me retrouver. Cancun, c'est une île. Une île, on en a fait vite le tour. Ça allait faire un scandale. Tout calculer!

Je me levai discrètement, l'air de rien, et je me dirigeai vers la terrasse. Le garçon était là. Je m'approchai:

«Bonjour.»

Il sourit.

«Ça va?»

Il sourit. Fit signe que oui avec la tête.

«Je suis en visite, faut m'aider.»

Il sourit. Son sourire s'élargit. Ça devait être un habitué… comme dans les films. Je souriais moi aussi. Et il s'est mis à baragouiner quelque chose. Je n'ai rien compris de ce qu'il m'a dit. L'espagnol, connais pas! Le mec, lui, ne comprenait pas le français et pas plus l'anglais… Il était serveur. Il servait les plats après qu'une dame ait pris les commandes. J'étais mal barrée. Je suis retournée, discrètement, m'allonger sur la plage.

Le lendemain, l'air de rien, mon père et moi on a fait des achats: deux bagues en argent, quatre bracelets, et hop! le retour.

J'ai essayé de trouver quelqu'un d'autre mais… je ne pouvais quand même pas me lancer sur le premier Mexicain à l'air louche. Il fallait qu'il ait l'air louche, mais il fallait qu'il ait l'air subtilement louche. Je ne voulais pas me retrouver sous une emprise plus dégueulasse qu'à Montréal. Troquer du beurre pour du beurre, pas la peine.

Quand l'avion a décollé, j'ai senti que je venais de perdre la chance de ma vie. Je me trouvais lâche au max. Je n'avais rien à perdre. J'aurais dû me tirer. Et si mon père m'avait rattrapée, retrouvée après un moment? Il aurait au moins eu peur. Et qui sait? Peut-être qu'il se serait plus intéressé à moi après? Papa m'aurait crue morte, maman aussi. Et de me mettre la main dessus après un bon moment, ils auraient été tellement soulagés qu'ils n'auraient pas eu le choix de réaliser l'importance que j'avais.

Morte! Voilà, ils ne réaliseraient qu'à ce moment. Alors il me fallait mourir. C'était la seule façon. Là, ils comprendraient enfin. Ils reverraient dans leur tête tous les scénarios, ils demanderaient pardon pour le mal qu'ils m'ont fait, comprendraient qui j'étais et pourquoi je faisais ce que je faisais, pourquoi j'étais ce que j'étais. Mais peut-être aussi que ça les arrangerait.

Mais partir comme ça, cela n'avait pas de sens. Il me fallait laisser ma trace sur cette Terre, un enfant.

De retour au centre le Relais, je suis redevenue la *prima donna*, la petite vedette. À l'école aussi, personne n'en revenait. Quand je leur avais dit que j'allais au Mexique, personne n'avait voulu me croire, mais au retour, ils n'ont pas eu le choix. Et malgré mon bronzage, mes cigarettes importées, les bijoux, il y en a qui n'ont pas cru que j'étais réellement allée à Cancun pour la fin de semaine.

À l'école, il y avait un mégaprojet: une pièce de théâtre pour le tricentenaire de Bach et Haendel. Je voulais participer. J'étais une mordue du théâtre. Il fallait que je participe, j'ai participé. Exemption de tous mes cours. C'était encore plus génial. On travaillait aux décors, à la mise en scène. C'était bien, j'adorais ça. Mais au centre d'accueil, on n'aimait pas. Je partais pour les classes vers huit heures et demie plutôt qu'à sept heures et quart et je ne rentrais jamais avant dix-sept, dix-huit ou dix-neuf heures, parfois même plus tard. On travaillait à l'école comme des artistes avec des horaires d'artistes. J'étais toujours une des premières arrivées à l'école et une des dernières parties. Au centre, on tolérait difficilement ces horaires.

Lui faire son enfant

Charles, j'ai réussi finalement à le joindre; il était venu à l'école Pierre-Laporte voir un peu ce que je faisais, sur l'heure du dîner. On avait partagé mon lunch, gentiment. On s'était installés sur le plateau, sur le chantier. Dans le groupe, il y avait une autre mulâtre, une fille de secondaire V, et il n'arrêtait pas de la regarder. Tellement que je me suis fâchée. Il a tout nié et a arrêté de tourner la tête à chacun de ses mouvements. Elle était très belle. Très *sexy*. Il avait bien raison de la regarder. Moi-même, je l'aurais regardée bouger pendant des heures, cette fille-là, tellement elle bougeait bien.

Après une bonne semaine, on s'est revus. Chez lui. On a parlé pendant des heures. On s'est réapprivoisés en pas long. On a revu toute notre histoire. On a nettoyé toute la relation. On s'est vidé le cœur sur les choses qu'on n'avait jamais eu le temps de clarifier. On s'est bataillés un peu. Je lui en voulais de ne pas avoir été là à ma sortie du centre N.D.L. Il n'était jamais là. J'avais besoin de lui et il n'y était pas. Il était la seule personne sur cette Terre que… et il n'était pas là. Tout ça l'a flatté. On s'est embrassés à notre façon, une fois de plus. On a reparlé de nos futurs enfants.

«Et si on le faisait maintenant?»

Il m'a serrée très fort et on est descendus au sous-sol le faire. Après l'amour, je sentais déjà comme un rayon de lumière qui me pénétrait. Je sentais plein de chaleur dans tout mon corps. C'était magique.

«Charles. On vient de faire un enfant.

— Oui, et ce sera une fille.

— Non, un garçon. Bronzé aux yeux pâles et à la chevelure blonde.

— Une fille.

— O.K., une fille.»

Quelque chose avait changé, mais on faisait comme si rien n'avait changé. Ses yeux avaient changé, l'étincelle dans ses yeux avait changé. Avant, il y avait deux mille watts dans ses yeux quand il me regardait. Ça brillait tout plein. Et là, depuis Pierre-Laporte, il n'y avait que du mille watts. C'était mieux que rien mais, des fois même, il y avait seulement quarante watts. Ça m'inquiétait un peu, mais il redisait des mots d'autrefois. Et bon, ce n'était pas grave. Ça devait être à cause de mes cheveux qui prenaient tout leur temps à repousser. Ou le temps... Mais ça s'arrangerait. On se connaissait tellement.

Laisser un enfant sur la Terre, dont Charles serait le père, le meilleur papa au monde... Je n'étais pas inquiète. Elle ne manquerait, de rien — elle ou il —, de rien. Je n'aurais pas pu trouver mieux comme père, et après je mourrais. Et puis, peut-être pas, qui sait? Je n'avais déjà plus tellement envie de mourir. Je n'avais envie de rien, de rien que je n'avais déjà.

Charles m'a parlé d'une fille qui lui avait fait du mal. Pour qu'elle puisse lui faire du mal, il avait dû l'aimer. Je lui ai parlé de Cédric qui m'avait aussi fait pleurer. On était dans la même situation. Il avait souffert ailleurs, et moi aussi. Et on se retrouvait là, allongés, enlacés. Il n'y avait que nous qui durions. Tout bougeait, sauf nous. Toujours fidèles malgré tout. Je le regardais regarder le plafond et je pensais: «Heureusement que tu es là, toi.» Et je me blottissais contre sa grosse bedaine. Il avait engraissé, le chéri! Un peu plus de confort. Et Dieu qu'il sentait bon! Il sentait l'amitié. Et Dieu sait ce que ça sent bon, l'amitié. Et comme sa mère avait fortement insisté pour qu'il me respecte, il sentait aussi le respect. Et ça aussi, ça sentait bon. Presque autant que l'amitié. Ça sentait aussi le souvenir juste là, au creux de son épaule, une impression de déjà vu qui aurait mis en confiance la plus méfiante des personnes. Sa peau douce inspirait le rêve et sa joue rugueuse faisait un juste équilibre entre le rêve et la réalité. Pour moi, le bonheur, c'est un peu ça.

Un vendredi soir, les éducateurs du Relais en ont eu marre de mes retards et ils m'ont imposé un ultimatum qui tombait le jour de la présentation de la pièce. Comble de malheur, la pièce débutait à vingt heures et se terminait à vingt-deux heures... Le choix était facile à faire, j'ai averti Jean-Paul.

Le dimanche 22 septembre 1991, 14 h 20

Quelle galère! Vous dire l'effort de mémorisation que ça me demande, c'est fou! De ce moment-là à maintenant, je n'ai tellement rien compris! Tout se précipitait tout le temps. Pas moyen de suivre... Tout s'est passé comme une chute dans l'escalier, où on déboule et déboule et déboule encore... Ça fait tellement mal qu'à un moment on a l'impression de ne plus rien sentir.

Suis-je enceinte?

Lundi arriva en douce, et je me présentai comme prévu au bureau de Jean-Paul. Il me réexpliqua en plus long, que là, il n'avait pas un très grand choix quant aux centres d'accueil. C'était Sainte-Do si on était chanceux, sinon N.D.L. Deux centres voisins situés à Laval.

«Pis si je suis enceinte?

— T'as passé des tests?

— Non, mais je suis enceinte.

— Comment tu l'sais?

— J'le sais!»

Il me connaissait bien. Lancer des trucs à la légère n'était pas mon genre. Si j'affirmais quelque chose, c'était ça! Que ça semble saugrenu ou pas, farfelu ou pas, idiot ou pas, je n'étais pas le genre à raconter n'importe quoi. Non seulement je croyais être enceinte, mais je le sentais dans mon corps: je sentais une lumière.

Jean-Paul m'expliqua ce qui allait arriver, comment les centres d'accueil pour filles enceintes fonctionnaient, que c'étaient des centres ouverts, qu'il y avait une école affiliée à ce centre qui portait le nom de Rosalie-Jetté.

«Oui, mais combien de temps ils vont me garder à Sainte-Do ou à N.D.L.?

— Un temps minimal parce qu'ils n'ont pas le droit d'avoir des filles enceintes dans ces centres. Ça fait qu'ils vont s'arranger pour te transférer aussitôt qu'il y aura une place.

— Tu peux pas commencer les procédures tout de suite, les avertir... qu'ils commencent tout de suite à voir s'il y a une place pour moi? Comme ça, j'aurais peut-être pas besoin de passer par N.D.L. ou Sainte-Do.

— Non, pas moyen! Faut marcher dans le système, pis faut une preuve que t'es enceinte. Un test positif.

— Oui, mais j'te l'dis. Je suis enceinte!

— J'comprends bien ça, mais mes *boss*, eux autres, ça leur suffira pas. Faut une preuve médicale pour les faire bouger.

— Merde! si j'vas passer un test, pis que je te l'amène positif, ça va?

— Non plus. Ça va peut-être aller plus vite, mais c'est tout. De toute façon, là, t'es considérée comme étant en fugue. Ils ne feront rien tant que tu te seras pas rendue à l'Escale. À partir de là, j'pourrai faire quelque chose. Les flics ont été avertis, ils te cherchent. Il y a le sergent...

— Les flics? Voyons donc, Jean-Paul... Les flics... franchement!

— Je sais bien, mais c'est comme ça que ça marche. C'est le système, pis, moi, j'suis dedans.

— Les flics, si tu penses que ça m'fait peur! De un, y a pas plus con que les flics, et de deux, ils doivent avoir d'autres choses à faire que de courir après Sonia Pascale Parizeau. De toute façon, j'fais rien de mal, moi. N'importe quoi! Les flics! Franchement!»

Il m'écoutait. Calme et paisible, quoique un peu inquiet. Ma grossesse possible l'énervait. À partir de là, tout serait différent. L'avortement, il ne m'en a pas parlé. Il y a fait allusion mais pas longtemps. Il a vite compris que cette solution n'en était pas une. Que c'était bien la dernière chose que j'allais pouvoir faire. De toute façon,

Jean-Paul était un ex-prêtre. Je ne suis pas sûre que ça jouait, mais à mon sens, selon ses valeurs personnelles, ce n'était pas une solution non plus. Et là-dessus, il me respectait. Dans le reste aussi, je dois dire, mais c'est surtout à partir de ce moment que j'ai compris son respect. De toute façon, ça semblait être écrit que c'était pour arriver.

À la maison, déjà toute petite, maman mettait beaucoup d'emphase là-dessus. Je n'avais qu'à dire un truc du genre: «Quand j'aurai des enfants...» et elle devenait toute bizarre. Il y avait quelque chose autour de ça. Tantôt, une peur panique, tantôt, un je ne sais trop quoi de bizarre. C'était bizarre. Et quand ça faisait un moment que je n'en parlais pas, c'est elle qui en parlait.

«Ah! les belles cuisses!» m'avait-elle lancé un matin au petit déjeuner.

Moi, j'étais là, appuyée sur le comptoir à attendre mes rôties. Olivier et ma mère finissaient leur café. Olivier, c'était le petit copain de ma mère, un avocat très sympathique, maniaco-ordonné qui jouait très bien de la guitare et qui ne me faisait pas trop chier. Pourquoi elle disait ça? Qu'est-ce que je lui avais fait encore?

«Tu vas voir, quand tu vas avoir des enfants, ça ne restera pas comme ça. Profites-en le temps que ça dure... Ah! ah! ah!»

Un «ah! ah! ah!» qui sonnait comme un «hi! hi! hi!».

«C'est-tu beau d'être jeune! C'est ingrat pareil. Nous autres, les femmes...»

Et elle poursuivait:

«Quand j'avais ton âge, moi aussi j'étais...»

Soit, ça allait lui passer, c'était comme le reste... C'était un *trip*. Mes cuisses étaient plus belles, mieux faites que les siennes... Heureusement, car si ses cuisses avaient été miennes, ça aurait été un cas de suicide pour moi. Tu marches, puis ça ne suit pas! Tu fais un pas, ça brasse du cul aux genoux pendant une demi-heure.

Yark! Et toutes ces pensées m'ébranlaient, alors merde pour les rôties, je n'avais plus faim.

«Tu gaspilles...

— Excuse-moi...»

Et hop! à la douche. Et après la douche, des exercices de danse. Et un examen complet devant le miroir.

«Quand je marche, ça bouge-tu? Non, O.K.»

Des remarques comme ça, j'en ai eu. Mes cuisses, mes seins, mon ventre, mes fesses. À l'écouter, avoir des enfants ça déformait carrément. Avec le corps qu'elle avait, et la conscience du corps que j'avais par la danse classique, il y avait de quoi faire horreur. Si j'avais cru deux minutes en ce qu'elle essayait de me dire, jamais, au grand jamais, je n'aurais eu d'enfant. Habillée, elle n'était pas trop pire, mais dès que sa peau se découvrait, c'était un mollusque. Olivier devait l'aimer en maudit!

Jean-Paul a senti un changement. On faisait comme si de rien n'était, mais c'était là. Tout venait de changer. J'avais seize ans à peine et j'étais déjà pleine de déceptions. Et des déceptions, j'étais encore pour en vivre. À la limite, jusque-là, je n'avais encore rien vu. Je ne connaissais rien du monde des adultes et, mal préparée, j'allais y entrer par le carreau du châssis de la cave qui donne sur l'arrière de la maison. Un tout petit châssis, en travers. Et bienvenue! Un bienvenue qui en disait long, mais que je n'ai pas compris, que je n'ai pas su interpréter. J'y suis entrée dans cette belle famille du monde des grands. Quand on y entre préparée comme je l'étais, on n'a envie ni de voir le reste ni de rester. On n'a qu'une envie, ressortir aussitôt, mais fatalité, on ne peut pas.

Le test de grossesse à Sainte-Domitille

Jean-Paul m'a conduite à l'Escale, puis à Sainte-Domitille, l'unité de dépannage où j'avais passé quinze jours, deux ans plus tôt. Jean-Paul les a informés de ma possible condition. Ils feront le nécessaire pour que je passe un test de grossesse. Si les résultats sont positifs, Jean-Paul pourra commencer les démarches pour Rosalie-Jetté.

«Tu vas aller au deuxième voir l'infirmière. Tu verras le médecin, et on te fera un test d'urine après examen», m'ont-ils dit, le lendemain de mon arrivée.

Je suis allée voir l'infirmière et elle m'a conduite au médecin: un vieux cochon qui m'a caressé les seins comme seul Charles avait le droit de le faire. Sur le coup, ça m'a figée. Quand il a vu que ça commençait à m'agacer drôlement, il a arrêté. Il a voulu me faire des prélèvements, me les a faits (c'était obligatoire). J'avais juste une idée, lui péter dans la face, question d'être sûre qu'il ne bandait pas ou que, s'il bandait, je le ferais débander. Après m'être rhabillée à une vitesse surprenante, j'ai retrouvé l'unité en laissant sur la table de travail de l'infirmière un pot de pipi. Le lendemain, elle allait informer le travailleur social, et finalement m'informer. Le test était négatif.

«Négatif! Vous êtes malades ou quoi? Mon test négatif! Tu buzz ou quoi? Tu te fous de ma gueule? Voyons donc, négatif!

— Jean-Paul m'a dit que tu aurais aimé le garder. Mais Pascale, penses-y deux minutes. C'est du trouble un enfant. C'est bien mieux comme ça. C'est du trouble, je le sais, j'en ai deux, pis on n'arrive pas, mon mari et moi. Je sais bien que c'est un choc. Mais ça n'avait pas d'allure! C'est mieux comme ça. Tu vas voir, penses-y, pis tu m'en reparleras.»

J'étais à l'asile ou quoi?

«Écoute, Lise. T'es bien fine, mais tu comprends pas. Je suis enceinte, O.K.?

— Le test est négatif. T'es pas enceinte, ma belle. Pis, compte-toi chanceuse!

— Le test est négatif! Bien, j'en reviens pas! Vous êtes vraiment cons. Vous n'êtes même pas capables de savoir si une fille est enceinte ou pas. J'suis enceinte. C'est mon corps, je l'sais. Pas croyable. Pis vous osez vous dire éducateurs! Non seulement vous êtes pourris sur toute la ligne, mais votre propre médecin, c't'un vieux cochon! En plus d'être cochon, vieux et laid, il est même pas foutu de passer un test de grossesse... Où y sont les produits pour le test? M'as y montrer comment ça marche.»

J'étais exaspérée! L'occasion était trop bonne pour ne pas leur dire ce que je pensais d'eux. Moi pas enceinte! N'importe quoi!

Jean-Paul est venu cette journée-là. Je lui ai tenu le même discours, en moins long. Il n'avait pas besoin d'autant d'ampleur pour comprendre. Jean-Paul souffre de diplomatie, alors il leur a demandé de vérifier et de faire en sorte que je passe un autre test. Le *show* de Ced approchait.

«Jean-Paul, Ced fait un *show* à *La Gargouille* à Outremont, la fin de semaine prochaine. Peux-tu m'arranger ça?

— Ça m'surprendrait.»

Je comptais sur sa diplomatie. On avait cinq beaux jours pour organiser ça.

Moi, je les avais nargués à fond pour leur résultat de test et je ne m'étais pas gênée pour en parler aux filles. Ça avait humilié à fond les responsables du centre. Ils se sont fabriqué une belle petite excuse, question de sauver la face: ça ne faisait pas assez longtemps que j'étais enceinte, si j'étais enceinte, pour que le test puisse sortir positif, *si* il avait à sortir positif. Bof! À la limite, ça se tenait. Et pourquoi pas?

Une fugue de Sainte-Domitille et on se retrouve au poste de police

La fin de semaine est arrivée. J'avais promis d'aller au spectacle de Ced: ils ont refusé ma sortie. Je me suis poussée avec une fille de l'unité. Une pétasse mais, à ce moment, je ne le savais pas. Elle m'emmena en lieu sûr, chez sa tante, là où elle avait été pincée quinze jours plus tôt. De là, elle appela ses parents pour ne pas qu'ils s'inquiètent. Légitime. Son père lui demanda naturellement le: «Où es-tu?» classique. Elle ne répondit pas, changea de sujet. La mère insista, la fille craqua et le lui dit. Résultat les flics sont arrivés dans le quart d'heure suivant. Petite balade en voiture, menottes bien serrées aux poignets dans le dos. Au poste, un accueil pas possible: la fouille et tout. Une chance, ils nous ont laissé l'anus en paix. Babette m'avait raconté qu'on lui avait déjà fouillé le cul une fois ou deux. À ce qu'on dit, il y en a qui se foutent des trucs là. C'est leurs trucs, ça les regarde. Ils m'ont laissé le trou du cul tranquille. Mais ils ont tâté, ont exigé qu'on enlève bijoux et lacets de souliers.

«Tu veux que j'enlève mes lacets?

— T'as bien compris.

— On peut-tu savoir pourquoi?

— Tu les enlèves-tu, tes lacets, ou on te les enlève? Pis tous les bijoux, le collier avec!»

Je leur ai donné les lacets. Je trouvais ça stupide, mais il ne semblait pas y avoir terrain à négociation.

«Tiens! Mais le collier... Le collier, j'peux pas l'enlever, il y a pas d'attache. C't'un nœud qui l'attache.

— Enlève-le.

— J'peux pas.

— Veux-tu que j'te l'enlève?

— Il y a pas d'attache...»

Et il l'a agrippé, arraché de mon cou; le collier a, bien entendu, cédé. Les billes, les perles ont été, du coup, projetées un peu partout, de tous bords. Avant même que la première perle eût touché le plancher, il avait ma main au visage. Du coup, cinq flics m'ont sauté dessus et m'ont allongée sur un comptoir. Je me débattais.

«Ma belle crisse! ça c'passera pas d'même.

— C'est ça, brassez-moi ben comme il faut. J'suis enceinte, pis si j'avorte, vous allez avoir mes avocats sur le dos.»

Ça a été magique, ils m'ont lâchée:

«Lâche la petite!» a dit une voix autoritaire et forte.

Le grand manitou avait parlé. Je me suis mise à chiâler sur les perles:

«C'est des perles que ma grand-mère m'avait données avant d'mourir, des vraies!»

Ils étaient tous là à les ramasser. Cinq brutes devenues mes serviteurs pour un moment.

«Ils vont les ramasser, viens avec moi.

— Toutes, sinon…

— Oui, oui… ramassez-moi ça, les gars.»

Et le grand manitou m'emmena dans son bureau. Il semblait être le seul à savoir comment se tenir devant une dame.

«Quelque chose à boire? un café?

— S'il vous plaît.»

Il ordonna qu'on nous apporte le café.

«Comme ça, t'es enceinte?

— Oui.

— De combien de temps?

— Début mars.

— Et le père?

— Aux études.

— En quoi?

— Au cégep. À André-Grasset.

— C'est privé, ça?»

Il connaissait. Pas mal pour un flic.

«Oui, c'est ça.

— T'as quel âge, toi? Seize ans, pis tu veux avoir ce petit?»

Et fièrement, je lui ai répondu un immuable:

«Oui!»

On a parlé un peu. Il a posé des questions. J'ai répondu. J'ai posé des questions, et une fois sur deux il répondait. C'était communicatif et éducatif.

«Pis, il est où ton *chum*, là?

— En train de pratiquer. Il joue de la basse aussi, et ils ont un concert à Outremont ce soir. Ça m'a tout l'air que j'y serai pas.»

Du coup, je venais de réinventer un personnage. Un mélange de Charles, de Ced, de quoi faire rêver. Rêver? Pas le temps, plus le temps.

«J'peux faire un téléphone?

— Qui tu veux appeler?

— Mon *chum* pour pas qu'il m'attende pour rien, et mon travailleur social.»

Il accepta et j'appelai Ced d'abord:

«Cédric, s'il vous plaît!

— C'est moi. Pascale!

— Oui, j'pourrai pas être là ce soir. J'ai tout fait pour, mais pas moyen. Un gros empêchement. J'suis désolée. J'avais promis mais… les choses étant ce qu'elles sont…»

Il a très bien compris. Il a très bien pris la chose. De toute façon, il s'en foutait. Du moins au ton qu'il avait. Puis, Jean-Paul:

«Salut.

— Salut. Ça va?

— Pas trop.

— Comment ça?

— J'suis au poste de police.

— Pas vrai?»

Il se marrait. Y avait rien de rigolo.

«Quel poste? Qu'est-ce que tu fais là?

— J't'expliquerai. Tu peux venir me chercher?

— Ils ne peuvent pas t'accompagner?

— Je ne sais pas. Viens, toi.

— J'peux pas là, j'suis coincé.»

Décidément! ce n'était pas mon jour. Les flics nous ont ramenées à l'Escale. La copine cherchait à me parler, à s'excuser.

«Excuse-moi… excuse-moi. Tu m'en veux pas pour ça? Excuse-moi, j'te dis. C'pas d'ma faute…
— Ta gueule, tu veux?
— Sonia Pascale… exc…
— Ta gueule!»

Hampstead, le vendredi 4 octobre 1991

Le deuxième test à N.D.L. s'avéra positif. À partir de là, Jean-Paul a pu commencer les démarches pour Rosalie-Jetté. Il n'était nullement question d'avortement.

L'annonce à Charles

De N.D.L., j'appelai Charles pour l'informer de la nouvelle. Superréaction, il n'a pas cru un mot de ce que je racontais. Il avait probablement ses raisons, mais de mon côté… j'avais mes preuves et, au bout de cinq minutes, il ne comprenait toujours rien à rien.

«Voyons donc, ça s'peut pas… Tu déconnes ou quoi? C'est une blague?
— Non, une réalité!»

Dieu qu'il m'énervait! Comme si j'avais envie de blaguer. Avoir su, je lui aurais envoyé sa réplique avant de l'appeler. Il était sensé dire quelque chose dans le genre:

«Un bébé! On va avoir un bébé? Oh! mon amour, quel bonheur!»

Il était aussi censé hurler de joie, avoir envie de le crier sur tous les toits. Quelque chose de bien sympathique et d'agréable. Mais non… monsieur croyait que je blaguais. Il s'est même presque fâché:

«Pascale, arrête, là... Ce n'est plus drôle. Dis-moi la vérité.

— Bien, j't'la dis, la vérité. Je ne fais que ça. ON VA AVOIR UN BÉBÉ. Ça a marché. Tu sais comment ça marche... comment ça se fait, un bébé? À moins qu'il faille que je t'explique l'histoire de maman abeille et de papa abeille depuis le début jusqu'à bébé abeille... Non, Charles, sérieux, j'en ai marre, je te rappellerai.»

Il aurait voulu me voir. Il voulait venir me retrouver.

«Tu ne peux pas, j'te dis. J'suis à N.D.L. Un centre de filles fermé.»

Plus j'expliquais, plus j'le perdais. Tout ça n'avait pour lui aucun sens. Je me souviens même qu'à un moment, je lui ai passé l'éducatrice de garde:

«Tu m'crois pas Charlo, j'vais te passer l'éducatrice.»

Et je lui ai passé l'éducatrice sur la ligne. Mais là, il croyait que c'était une copine à moi. Le gros délire quoi! On se foutait de sa gueule, du cinéma, un coup de théâtre. Le lendemain, Jean-Paul posa des questions.

«Et Charles, il est au courant?

— Oui.

— Depuis quand?

— Depuis hier.

— Et?...

— Et quoi?

— Et comment réagit-il? Est-ce qu'il va t'aider? Lui as-tu laisser entrevoir des possibilités?... Est-ce qu'il va être dans les alentours?»

Ouf! je n'en pouvais plus de ses questions pertinentes et Charles, avec la réaction qu'il avait eue... Il y avait du chemin à faire avant qu'on s'entende.

«De toute façon, Charles et moi, c'est de l'histoire ancienne. De toute façon, j'suis même plus sûre de l'aimer.»

Si c'était vrai, je ne le savais pas... Mais je sais que c'est ça que je lui ai dit. Je suppose que c'était autre chose qui me poussait à lui répondre ça.

Hampstead, le samedi 5 octobre 1991

Jean-Paul avait le don de poser des questions pertinentes. Il avait aussi le don de respecter les limites d'autrui. Alors il ne poussait jamais la note, il comprenait très vite.

Jean-Paul, c'était un homme qui ne parlait pas beaucoup. Il écoutait plus qu'il ne parlait, et quand il ouvrait la bouche, ce n'était jamais con, à quelques exceptions près, bien sûr. Mais, en gros, il savait presque toujours comment s'y prendre avec moi. Il me laissait toujours complètement libre de penser, de dire, d'être.

Quelque temps après, N.D.L. me trouva une place en unité. Fini le dépannage. Je suis restée là-bas un mois, un mois et demi au gros max, le temps qu'à Rosalie-Jetté on libère une place pour moi. Et au bout de cette période j'ai pu m'installer à Rosalie-Jetté. Mon dernier séjour à N.D.L. ne fut pas trop pénible. J'ai dormi presque tout le temps. C'était le début de la grossesse. Les changements hormonaux m'épuisaient. J'étais lâche, je n'avais qu'une envie, qu'un besoin... dormir!

L'annonce aux parents

C'est Jean-Paul qui a appris la nouvelle à mes parents. Mon père est venu me voir au parloir, un dimanche après-midi. Il a été correct.

«Tu comptes te faire avorter?

— Non!

— Tu vas le garder?

— Oui, et je l'appellerai Cédric. Que ce soit une fille ou un garçon.

— Pourquoi Cédric?

— Comme ça.

— Cédric Parizeau... ça va pas!

— Cédric Parizeau...»

Il avait raison…

«Et Charles, lui?

— Charles, je ne sais pas… il est tout drôle.

— Il n'en veut pas de cet enfant, lui?»

Mais qu'est-ce qu'il en savait? Il lui en avait parlé… voilà ce qu'il en savait, mais ça, moi, à ce moment-là, je ne le savais pas. J'étais sûre que mon père racontait n'importe quoi, comme d'habitude, qu'il parlait pour parler. Il avait toujours cet air si sûr de lui…

«Tu fais comme tu veux. Si tu le gardes, je vais l'aimer cet enfant, gars ou fille… Je vais être son grand-père, mais je ne serai jamais son père.»

Qu'est-ce qu'il racontait? Jamais son père? Mon enfant avait un père, il n'avait pas besoin d'en avoir deux…

«Oui, papa. Je sais bien. Personne ne te demande de jouer un autre rôle que celui-là.»

Il avait été sympa. La seule chose qui semblait le contrarier, c'était le nom. Ma mère, elle, m'a écrit une lettre.

Il n'y avait pas de timbre sur l'enveloppe. Elle l'avait déposée à la réception du centre et était partie aussitôt. Elle s'était déplacée pour une lettre qu'elle m'avait écrite. Qu'est-ce qu'elle pouvait bien me vouloir encore, celle-là?

Je me suis tiré une chaise au beau milieu de la pièce centrale de l'unité et j'ai approché la poubelle. Il y avait de l'électricité dans l'air, je vous prie de me croire… Ce n'était un secret pour personne, ma mère et moi, c'était l'huile et le feu. Alors, tout le monde semblait attendre le plus discrètement possible l'explosion.

Les éducateurs semblaient soucieux pour moi, à l'écoute, très à l'écoute de toute réaction. J'allais lire la lettre et… et… eh bien, rien!

Sa lettre racontait des salades sur la vie de misère qu'elle avait vécue parce qu'elle avait eu un enfant. Toutes ses amies l'avaient abandonnée. Les garçons ne voulaient pas sortir avec elle parce qu'elle avait un enfant, etc.

La première réaction qui m'est venue, après avoir lu quelques pages, fut: «Eh bien, ma vieille, tu n'as rien compris! Si les copains t'ont laissé tomber, ce n'était pas parce que tu avais un enfant, mais bien à cause de toi. Rien d'étonnant qu'ils t'aient laissé tomber. Et pour les mecs… même chose.»

Ma deuxième réaction fut: «Si elle me déteste et s'acharne tellement sur moi, c'est qu'elle me tient responsable de…»

Avant la fin de son texte, pour ne pas dire avant même d'avoir ouvert la lettre, j'étais blasée. J'en avais déjà assez entendu. J'ai déchiré la lettre en tout petits bouts et je l'ai mise à la poubelle. J'ai gueulé:

«Des conneries! toujours des conneries.»

Cela a semblé à la fois choquer et soulager les éducateurs et les copines d'unité. Finalement, j'ai remis le matériel en place, chaise et poubelle. Ce qui s'était passé dans la vie de ma mère, c'était son problème, pas le mien. C'était sa vie, pas la mienne!

Le dimanche 6 octobre 1991

Je n'avais pas osé rappeler Charles. J'avais peur qu'il me raconte des salades. Et tant que je ne pouvais pas le voir en chair et en os, ce n'était pas la peine.

«Jean-Paul, quand est-ce que j'vas sortir d'ici?
— Dès qu'il y a une place qui se libère à Rosalie.
— Jean-Paul, faut que je sorte, j'ai du monde à voir.
— Bientôt.»

Le centre Rosalie-Jetté pour adolescentes enceintes

Un mois plus tard, en juin 1985, j'entrais à Rosalie. Jean-Paul m'avait accompagnée en voiture. Dans le sud-est de la ville, un coin dépravé, des rues sales, pleines de poussière, des maisons croches, et des gens bizarres. Je me souviens qu'on m'a sifflée sur la rue. J'étais sortie chercher des cigarettes. Pendant que Jean-Paul parlait avec le responsable de cette maison, j'étais sortie, j'ai entendu parler des mecs sur le balcon du dessus:

«Une petite nouvelle, une belle p'tite négresse. Est pas pire...»

Restons calme! Je me suis rendue au dépanneur, suis revenue, ils étaient encore là et ils se sont mis à siffler. Je n'arrivais pas à le croire. Dieu que je suis rentrée vite!

«Jean-Paul?...

— On va aller chercher le reste de tes affaires dans l'auto.

— Jean-Paul, j'peux pas rester ici.

— C'est pas si pire.

— Jean-Paul, les gars du dessus, ils m'ont sifflée!

— Ah! ah! ah!

— C'est dangereux.

— Bien, c'est pas un des coins les plus favorisés de la ville.»

Je n'arrivais pas à croire qu'il allait me laisser là, dans un coin pareil. Dégueu! Il ne pouvait pas faire ça... Il l'a fait.

«Bonjour, tout le monde... on a une nouvelle. Sonia Pascale Parizeau. Elle vient d'arriver.»

Moi, j'étais là, debout, entourée de bedons. Des petits, des gros. Que des nanas... C'était trop bizarre pour moi. Par où, la sortie?

«T'es enceinte de combien de mois?

— Trois, quatre mois bientôt.

— Elle n'a pas de bedaine encore.

— Tu vas voir, ça va sortir d'un coup. Moi, jusqu'à six mois j'avais rien, pis là...»

Elle avait un monstre de bedaine. Au souper, qui ne tarda pas, tout le monde semblait vouloir m'apeurer, m'expliquer...

«Moi, c'est l'soir. Y arrête pas d'bouger. J'me couche fatiguée. Lui, il l'est pas.

— Moi, c'est pareil.

— Moi aussi...»

Je souriais, je ne savais pas quoi leur dire.

«Moi, je suis enceinte de sept mois, elle, de six, elle, de neuf, elle, de quatre, comme toi.»

Comme moi... *No way*, pas comme moi. Moi, c'est moi, elle, c'est autre chose.

«Tu vas-tu venir à l'école avec nous autres?

— Je ne sais pas!

— Va-t-elle venir à l'école avec nous, Nicole?

— Oui! Tu vas aller à l'école avec les filles. On va faire ton inscription, et lundi ou mardi prochain, ça devrait être réglé.»

Quelle joie!

«J'me sens pas très bien, j'suis un peu fatiguée, excusez-moi.

— Moi aussi, c'était comme ça au début, je dormais tout l'temps. Mais à la fin, vers sept, huit mois, c'est le contraire, on...

— Excusez-moi.»

Je quittai la cuisine, me dirigeai vers ma chambre. J'entrai, je fermai la porte, m'allongeai sur le lit et réfléchis. Ce n'est pas croyable, pensai-je, il faut faire quelque chose. Il faut me sortir de là, je vais devenir dingue. Les copains! Où sont les copains?

Le mercredi 16 octobre 1991

On est officiellement reconnues par la cour

Émilie-Jo Karen Victoria Angela Parizeau est officiellement reconnue comme étant la fille de Charles Lasource et de Sonia Pascale Parizeau. Depuis hier.

Ça ne change pas le monde, sauf qu'elle portera le nom de son père. Émilie-Jo Lasource. Quoique Karen Lasource, c'est pas mal aussi. Je vais réfléchir et on verra. Voilà, c'est réfléchi... ce sera Émilie-Jo Lasource.

Je ne sais pas comment Charles a réagi de son côté... Ça ne lui fait peut-être ni froid ni chaud mais, pour moi, ça change tout.

Elle a peut-être le père le plus salaud de tout le Québec, le plus minable, idiot, irresponsable, mais elle a un père! Et moi, je peux me permettre dorénavant d'être juste sa mère.

L'annonce au professeur de morale

Dès que j'ai pu, je suis retournée à Pierre-Laporte leur apprendre la nouvelle et dire bonjour. Du coup, je suis devenue un sujet intéressant. Et hop! les rumeurs, les «on m'a dit» sont repartis. J'ai vu aussi mon professeur de morale, Joël Arsenault, un homme d'une sensibilité extrême...

«Joël, j'peux t'parler?

— Oui, oui, j'suis à toi dans une minute.»

On est allé s'installer dehors, dans l'entrée principale de l'école, et on a jasé.

«J'ai une grosse nouvelle à t'apprendre.

— J'suis prêt!

— Je vais avoir un bébé.»

Il a sauté, les yeux lui ont sorti de la tête et ses cheveux lui ont dressé tout droit sur la tête...

«Non... non... un... non... un... non...

— R'viens-en!

— Un bébé. Tu vas avoir un...»

Il a souri, puis il a ri. Au-delà de ses onomatopées, je pouvais entendre le choc des idées. Cela avait fait un gros bang dans sa tête. Un choc!

«Ça va?...»

Je n'aurais peut-être pas dû lui demander ça... Tiens, il avait maintement les yeux pleins d'eau... il pleurait.

«Ça va, Joël?

— C'est extraordinaire! Un bébé. Là-dedans. Dans ce petit ventre. Un être vivant... un futur être humain. C'est extraordinaire. (Ouf! et il continuait.) Tu réalises, Sonia Pascale, un être vivant, une vie en toi qui ne demande qu'à vivre... qui commence sa vie... C'est quand même extraordinaire. T'es contente?

— Oui.

— C'est ce que tu voulais?

— En quelque sorte.

— Félicitations... un bébé...»

Cet homme là... tout un numéro. Imprévisible. De la spontanéité pure et simple.

«Et le papa, il est content?

— Je ne sais pas trop. Charles est un peu drôle... Justement, j'voulais t'en parler.»

J'avais besoin qu'on me conseille, et Joël me paraissait tout désigné.

«Qu'est-ce qu'il y a?

— Je ne sais pas.

— Sa réaction, ça a été quoi? Tu lui a appris ou pas? Il est au courant?

— Oui, oui, mais je ne sais pas.

— Sa réaction?

— Il ne m'a pas crue, au début. Je ne sais même pas s'il me croit aujourd'hui. Je sais pas, c'est bizarre.

— J'comprends un peu... Laisse-lui du temps. Les femmes, vous avez de la chance que ça se passe en dedans de vous, dans votre corps. Par conséquent, vous êtes plus proches de l'événement. Pour nous autres, les hommes, c'est juste à la naissance que notre rôle, notre relation avec l'enfant commence. J'ai toujours trouvé la nature un peu injuste pour ça... Nous autres, les hommes, on n'est pas dans le coup jusqu'à la naissance. On fait l'amour, et puis... on ne peut pas être aussi proches de l'événement que vous.»

J'aurais voulu, pour lui, à l'entendre parler de ça, qu'il puisse en porter des enfants. C'est vrai que ce n'est pas pareil pour l'homme. Moi, c'est dans mon corps. Il y a plein de changements. Pour Charles, lui?... Rien! Il ne sent pas ce que je sens. C'est peut-être tout simplement normal qu'il ne sache pas comment réagir, qu'il soit tout bizarre. Ce n'est peut-être qu'à la télé que les hommes crient de joie et tout et tout... Soit! Il avait besoin de temps. J'étais pour lui en donner. Tout le temps qu'il voulait. Comme il le voulait.

«T'as raison, Joël. C'est pas pareil pour vous autres...»

Et on a continué la discussion. Discussion fort intéressante qui eut comme résultat de m'ouvrir les yeux, d'élargir mon champ de vision.

L'anniversaire de mariage des grands-parents. L'annonce à la famille

Vers le cinquième mois, il y a eu le cinquantième anniversaire de mariage des grands-parents Parizeau. Toute la famille s'est réunie chez mon père, Bertrand. Ils sont huit enfants: six filles et deux garçons. Ils ont tous soit un *chum* ou une blonde, soit un conjoint. Nombre d'entre eux ont aussi des enfants. C'est une famille québécoise respectable. Mon père m'y avait invitée, j'y suis donc allée.

Et c'était bien. Maman m'avait refilé quelque chose de portable à me mettre, quelque chose d'ample pour qu'on voie peu mon ventre. Une robe bleu ciel. Tous avaient d'abord rendez-vous chez Madeleine, la sœur de mon père, et de là on se rendait ensuite dans un resto superintime, une salle juste pour nous.

Je n'étais pas très à l'aise... Pas à cause de mon état, non, c'était autre chose. Les Parizeau sont des personnes très à l'aise, très simples, très intelligentes aussi, je dois le dire. Par conséquent, ce sont des personnes aussi très curieuses et directes. Alors... ça ne me mettait pas très à l'aise... J'appréhendais les questions. Je n'étais plus à jour dans les mensonges que mes parents avaient bien pu leur conter. Je savais que j'étais à Rosalie-Jetté mais je ne savais pas si, selon leur version, j'y étais. Chez Madeleine, je n'ai pas arrêté cinq minutes. Je marchais, je parlais des murs, des meubles, des cadres, des plantes, des chats (elle avait deux chats siamois). Je parlais de trucs cons qui ne m'intéressaient pas du tout. Sinon, je fuyais discrètement... Ils ont dû me trouver bizarre, mais ils ne m'ont rien dit. Il n'y a que grand-mère qui m'a dit, prenant mon bras à la sortie de chez Madeleine:

«Tu sais, ma belle, grand-maman sait que t'es enceinte. Bertrand me l'a dit. Elle le sait, ça, grand-maman. Bien, fais attention à ce petit être, aime-le fort, fort! Prends-en grand soin, le Seigneur va vous protéger. Pis, tu sais, ma belle fille, ta mère, là, c'est pas de sa faute... elle a un petit démon en d'dans d'elle! C'est pour ça qu'elle est comme ça. Occupe-toi-z-en pas. Fais pas attention à ce qu'elle dit, à ce qu'elle fait. Pense à ce p'tit être, pis demande au Seigneur qu'il vous aide. Grand-maman va prier fort, fort pour qu'il vous protège... Tu y parles-tu, des fois, au Seigneur? Tu y demandes-tu de vous protéger?

— Oui, grand-maman...

— Bien, c'est bien parfait. Tu sais, grand-maman, elle vous aime bien fort, Thomas et toi. Tu le sais ça, hein... Pis, Bertrand aussi, y vous aime bien fort tous les deux, Thomas et toi. Il vous aime les deux! O.K., ma belle fille, prends-en grand soin»

Elle ne m'avait jamais parlé comme ça. Je n'étais pas sûre d'avoir tout très bien compris. Elle pesait ses mots.

«C'est Gisèle qui, par son agissement, a fait que, toi, aujourd'hui… Ça, grand-maman le sait. Mais là, regarde dans ton cœur, pis demande au Seigneur qu'il vous aide, O.K., ma belle fille…»

Elle me disait quelque chose. Dieu! j'aurais voulu qu'elle parle avec mes mots. Tout ça me sembla n'être que parabole. «Le petit démon en dedans de ma mère…» Oui! Mais, en 1985, pouvait-on appeler ça petit démon? Petit démon! Ce qu'elle venait de me dire, c'était déjà beaucoup. Je n'étais pas sûre de comprendre mieux, mais j'avais une vague impression.

Arrivés au resto, on s'est tous pris une place. Il n'y avait que grand-papa et grand-maman Parizeau qui n'avaient pas le choix. Les enfants Parizeau, eux, se sont tous installés à la même table, ou à peu près. Moi, je suivais papa pas à pas. Il m'a offert une chaise, je m'y suis assise. Lui, il a pris la chaise voisine et maman, elle, s'est assise où elle a pu. Pas trop loin de nous, mais en retrait quand même un peu. À mon sens… juste assez. Ils étaient officiellement divorcés selon la loi, et ça faisait déjà plus de trois ans qu'elle jouait au ping-pong avec lui. Il fallait qu'elle ait du culot pour se pointer au cinquantième des parents de son ancien mari! On s'installa et, pendant l'apéro, papa lança fièrement:

«Vous savez la nouvelle? Je vais être grand-père. Le premier grand-père de la famille.»

Il était trop con, cet homme-là! On a porté un toast, comme il se doit en pareille circonstance. Et c'est là que Violaine a commencé. Violaine, une des sœurs de papa, la plus jeune chez les Parizeau qui avait, elle, une petite fille de quatre ans, une petite mulâtre qu'elle avait eue avec un Sénégalais, je crois. Un beau, grand et sympathique Sénégalais. Son nom était Samuel. Je ne le connaissais pas bien, son mec… il était plus souvent là-bas qu'ici et, de toute façon, la famille, on ne la voyait jamais, à part dans des circonstances bien spécifiques. Les fois que je l'ai vu, je l'ai aimé et lui aussi m'a aimée. Il me prenait dans ses bras, il faisait des blagues avec moi, il me faisait rêver. Son sourire, c'était le bonheur! C'était la seule personne de race noire que j'avais dans mon entourage. Il était tellement gentil, poli, propre, clair dans ses contacts, enjoué, rigolo, accueillant, et j'en passe. Il était devenu mon idole. Pourtant, si je l'ai vu cinq fois, c'est beau, mais ces cinq fois en valaient douze mille. La sœur de papa, Violaine, s'est mise à me parler de sa grossesse:

«C'est un moment exceptionnel dans la vie d'une femme...»

Dieu que ça faisait plaisir, une autre qui pensait comme moi! Belle introduction... qui d'ailleurs tombait très bien. Ma mère, devant l'initiative de papa, s'était presque étouffée. Elle lui avait jeté un: «Bertrand!» d'un ton de reproche. Personne n'y avait prêté d'importance. Papa s'était senti mal pendant quelques secondes. Moi, j'ai cru m'évaporer de honte, mais Violaine a parlé et tout est rentré dans l'ordre.

«Puis, t'es-tu équipée pour le futur bébé? As-tu passé une échographie? Un garçon ou une fille?

— Un garçon.

— C'est dommage, parce que j'ai plein de petites robes. Des belles choses, puis c'est presque neuf. J'ai tout gardé de la petite au cas où j'me déciderais à en avoir un autre. Si tu veux, je pourrai regarder s'il y a des choses que j'pourrais te prêter. J't'apporterai ça. T'as qu'à d'mander à Bertrand mes coordonnées, y va s'faire un plaisir de te donner ça, n'est-ce pas Bertrand?

— Ouais, ouais...»

Il n'avait pas l'air très convaincu... mais chose dite, chose due. Il me les donna. Et je vis Violaine dans les semaines qui suivirent. Elle était super.

C'est sur Henri-Bourassa qu'a eu lieu notre première rencontre... J'étais allée la rejoindre au métro, et de là, on s'est rendues au resto. Elle était gentille, polie, propre, claire, enjouée, rigolote, accueillante. Du coup, elle est devenue ma mascotte. Une bonne copine. Voilà ce qu'elle semblait vouloir faire de moi, sa bonne copine. Ça tombait bien, j'avais justement besoin d'une grande copine et elle était à la hauteur de toutes mes aspirations.

Shawbridge, le jeudi 17 octobre 1991, 14 h

Par la suite, à Rosalie-Jetté, j'ai tenté de m'intégrer. Il y a eu les classes pour moi là-bas. Question de sauver le secondaire. Mais à l'école, ça n'allait pas... pas plus que ça n'allait au centre... C'était trop bizarre. Trente filles enceintes dans une classe. Une de quatre mois, l'autre de huit, une de sept... Ça n'allait pas. Ça rendait tellement la chose banale. Une grossesse, c'est quelque chose de spécial. C'est un moment, un événement particulier dans la vie d'une femme. Je n'aimais pas ça, moi, les voir avec leurs gros, moyens ou petits ventres. Je n'aimais pas ça, moi, me voir parmi elles avec mon petit, moyen ventre. Je me sentais banale et commune et j'ai horreur de me sentir banale et commune. Je me sentais en retraite. Ça n'allait pas.

Comment est-ce possible?

Finalement, j'ai fait le mur. Je suis retournée voir Charles, qui sembla content de me voir. Et on se tapa une bouffe au resto le plus près. Au resto, les serveuses offraient des stylos pour la fête des Pères... Charles ne s'est pas fait prier.

«Mademoiselle!

— C'est pour les papas, ça...

— Bien, vous devez m'en donner un. Ça semble incroyable mais j'vas être papa... C'est vrai, hein...

— Oui, c'est vrai, lui ai-je dit, le soleil dans les yeux.

— Alors voilà, et félicitations!

— Merci...»

Le steak trop cuit, les frites molles m'ont semblé un délice. L'eau avait un goût exceptionnel. Ce resto standard me semblait un château, le temps nuageux était ensoleillé... les gens me paraissaient bons et beaux... C'est fou ce qu'un petit événement peut transformer notre vision du monde. J'étais au septième ciel... ou plutôt le septième ciel était à moi. Charles avait enfin accepté la situation. Je lui avais donné du temps, il l'avait pris et, voilà, ce qui devait arriver arrivait!

On a parlé de tout et de rien. Après, on est rentrés, bras dessus, bras dessous, rigolant comme dans le temps. Charles avait retrouvé sa bonne humeur. C'était suprême. Mais ça n'a pas duré. Évaporé le beau nuage, pouf! On est entrés à la maison... le téléphone a sonné... il est allé répondre, puis est revenu me retrouver au salon...

«J'ai des copains qui s'en viennent...

— Qui ça?

— Pascale, faut que... Ma mère... Pascale j't'aime beaucoup... Faut que... Je ne sais pas trop comment... mais c'est parce que...»

Je ne disais rien. J'attendais. Je n'osais pas le regarder dans les yeux... des plans pour qu'il se la boucle définitivement... Non, il avait quelque chose à dire, qu'il le dise. Je ne savais pas ce qu'il allait me sortir... il...

«Pascale... ma mère ne veut plus qu'on se voie. Elle dit que ça va finir en cour et que... Elle ne veut plus que j'te voie.

— Pourquoi la cour? Mais de quoi tu parles?

— Elle ne veut plus... Pis, là, ça fait déjà un moment que... Elle ne sait même pas qu'on se voit encore...»

On sonna à la porte... Il alla répondre. Je me rendis à la cuisine, pris le téléphone et composai pour le Nord, à Saint-Donat.

«Samantha, s'il vous plaît!

— C'est moi.

— Sam, c'est Sonia Pascale. Ça va?

— Oui, très bien, et toi?

—Pas trop. Charles me dit que tu ne veux plus qu'on se voie.

— C'est exact.

— Pourquoi? Parce que j'suis enceinte?

— On sait même pas si le père, c'est Charles et, entre toi et moi, il y a peu de chance que ce soit Charles. Personnellement, j'en doute fortement.

— C'est pas ma *job* d'essayer de te convaincre. Charles le sait, pis moi aussi. Le reste, c'est pas important. De toute façon, si le bébé naît blond aux yeux bleus avec deux doigts pis deux orteils collés en palme, tu vas être bien obligée de le croire. Tu veux plus qu'on se voie, O.K. Mais je promets pas que c'est pour la vie. Charles et moi, on est amis, pis on va toujours l'être. Tu veux pas que j'le voie, O.K. Mais pour combien de temps, je ne sais pas.

— De toute façon, Charles n'est plus intéressé à avoir quelque contact que ce soit avec toi.

— Ça, c'est ce que tu dis.

— De toute façon, tu l'verras plus pour un moment. C'est ça?

— Pour un moment.

— Écoute, Pascale, si dans dix ans vous vous voyez, ce sera bien de vos affaires, O.K.? Bien le bonjour. S'il y a quoi que ce soit, tu rappelleras.»

Elle… elle qui grondait Charles… Elle qui exigeait de lui qu'il me respecte. Elle qui… elle qui… Ce n'était même pas sa mère. Elle n'était même plus la femme de son père… Elle… Elle!

O.K.! O.K.! je vais partir. Mais un jour… je vais revenir… un jour… Elle était bien trop forte pour moi. Mais un jour… Qu'est-ce qu'elle lui avait mis dans la tête? Aucune idée, mais elle lui avait mis quelque chose dans la tête. Des imbécillités! des conneries! Peut-être même qu'elle lui avait fait du chantage. Ça devait être ça! Je me suis rendue au salon, ravalant mes émotions le plus possible...

«Salut, les mecs.

— Tu t'en vas déjà», m'a lancé Charles avec un semblant d'air décontracté.

Et moi, avec le même air, j'ai répondu:

«Oui, j'ai des tas de choses à faire. Salut!»

Et les copains, idiotement, ont en chœur fait écho:

«Salut».

Et la Véronica a ajouté la phrase merdique:

«Reste un peu...

— Non, non, j'dois vraiment y aller. Salut.»

Par chance, j'avais mes lunettes de soleil pas trop loin. Je les enfilai. À chacun son masque. Cela cachait juste ce qu'il fallait.

«Je t'accompagne», a dit Charles.

«Non, reste là, petit con. T'as assez fait d'mal comme ça. C'est pas la peine», aurais-je voulu lui dire. Mais si j'avais dit ça, j'aurais perdu le contrôle de mes émotions. Déjà que... Je me dirigeai vers la sortie. Charles m'y accompagna.

«Téléphone-moi!

— Non! j'peux pas, ta mère veut pas.

— J't'appelle!

— Non! ta mère veut pas.

— On va se revoir?

— Non!

— De toute façon, sûr qu'on va se revoir, on sort aux mêmes places, on voit le même monde.

— J'irai plus à ces places-là, pis j'verrai plus personne.

— Même au DJ? (lieu de rencontre des copains).

— Non plus!

— Mais c'est pas juste. Tu fais tout, pis moi, j'fais rien...

— Ça a l'air que c'est l'prix que j'dois payer.»

Et je me suis enfuie au plus vite, question d'aller brailler ailleurs. «C'est fini, ma belle. Tu vois... il court même pas après toi...» Mon Dieu, c'est quoi ça? Expliquez-moi, quelqu'un, je ne comprends pas. Pourquoi elle... a dit ça? Pourquoi?

Enfant, j'avais vécu le rejet lié à ma couleur. Je vivais depuis toujours le rejet de la part de mes parents. Mais aucun rejet ne m'avait fait aussi mal. Charles... Sans lui, j'étais vraiment rien. Charles qui me défendait toujours, devant tous et chacun. Charles, mon amour, mon frère, mon père, mon ami. Charles, le père de mon bébé...

Mais à quoi bon pleurer? Ça ne me le ramènerait pas. De toute façon, il y avait ce petit être. Un petit Charles miniature. La fusion de notre amour. Alors, ils pouvaient bien parler... tous... la vie était là. Pas le choix, il fallait vivre. Plus le temps de me taper une crise d'enfant gâté. Le temps... arrangerait les choses. Charles, pourquoi? À quoi bon les pourquoi... Il avait ses raisons. Et quelles qu'elles soient, je devais vivre avec. *That's just the way it is.* J'allais où, là, maintenant? Au centre! L'engueulade que j'ai eue!

Le retour au centre Rosalie

«C'est pas un hôtel ici. Il y a des règlements. Tu dois les suivre, sinon j'te dis, Pascale, va falloir te renvoyer à N.D.L. On pourra plus te garder ici.

— J'ai l'goût de m'en mettre plein la gueule, d'me soûler.»

La panique. («Non, non, faut pas. C'est pas bon pour le bébé...»)

«J'le sais, mais ça n'empêche pas que j'aie envie d'me soûler.»

Eux, me foutre dehors! M'renvoyer à N.D.L.! Charles qui ne voulait plus d'moi! Y en a-tu d'autres comme
ça? Levez la main, ceux qui aimeraient mieux que je n'y
sois pas. Allez! Tous en chœur! Il ne faut pas vous gêner.
Frappez! sentez-vous à l'aise!

Je suis restée au centre trois jours avec mon envie de
m'en mettre plein la gueule. Jean-Paul m'a rendu visite.

«Ils veulent me foutre dehors…

— Reste un peu tranquille.

— J'peux pas.

— De toute façon, ça me surprendrait qu'ils te ren-
voient à N.D.L. Là-bas, on n'a pas le droit de garder les
filles enceintes, question de sécurité. Ce serait étonnant
et, de toute façon, tu reviendrais ici.»

Enfermée. Bonne façon de couper avec Charles et la
gang. Je n'en pouvais plus de voir leurs gueules. Les
éducateurs… juste à les voir, j'angoissais. Et dès qu'ils
ouvraient la bouche, c'était pire. Les corvées, les repas,
la vaisselle, les exercices à la con…

«Regarde comment elle épluche les patates!

— Fais-le comme il faut, ou fais-le pas.

— Je l'fais pas, d'abord.

— O.K.! Sylvie, tu vas changer de tâches avec Pascale.

— Pis toi, tu feras la vaisselle.»

Mon rêve! Je n'avais même pas faim et je me tapais
la vaisselle. Non! Non! Non!

«Salut tout l'monde. J'me tire.

— Tu vas nulle part!

— C'est ce que tu crois!»

Encore une fugue du centre Rosalie

Et j'ai marché dans la ville. Deux longues heures. Je
me suis rendue ensuite à Ville Saint-Laurent. La mère
n'était pas là. La fenêtre arrière. Mieux que ça, la porte
arrière. Histoire de démolir le moustiquaire, et hop!

J'ouvre la radio. Je m'installe au salon… et c'est une chanson de Lionel Richie! «*You are the sun, you are the rain…*», la chanson que Charles me dédiait tout le temps… L'avalanche de larmes. J'étais dans un état! Mais pleurer, ce n'était pas mon fort. Après les larmes, la logique me gueulait dessus, me disait exactement ce qu'il fallait pour que je me sente encore plus stupide et idiote.

Au centre, il y avait Maude qui pleurait. Elle, elle disait que ça lui faisait du bien. Et ça lui en faisait. Alors, bon, je voulais, moi aussi, que ça me fasse du bien. J'avais besoin du «bien». S'il fallait pleurer pour ça, O.K.

«Sors ta peine, ma belle…
— Voyons donc…
— Sors-la… Pleure… un bon coup.
— Ça a pas d'allure…»
Et je n'ai pas pu me retenir, je me suis mise à rire!

Le départ du centre Rosalie

Que faire? Il fallait éviter qu'une autre connerie n'arrive. Ce qui voulait dire drastiquement l'Escale. J'ai couché à l'Escale deux soirs, puis ils m'ont retournée à Rosalie-Jetté.

«J'veux plus aller là, Jean-Paul! J'suis pas bien, là. J'aime mieux N.D.L. N'importe où mais pas là. J'veux pas y retourner.»

Chacun son tour de rejeter! Ça ne réglait pas mon problème. Je caricature un peu mais, en gros, ça avait l'air de ça. Ça n'allait pas…

«Jean-Paul, j'veux m'en aller en appartement.
— Attends la fin de ta grossesse au moins.»

Ça n'allait pas… Et l'école! Il n'y avait que les cours de psychologie de l'enfant qui étaient intéressants, qui m'intéressaient. Et ce qu'il y avait de cocasse, c'est que le prof qui m'enseignait avait enseigné à ma mère dix-sept ans plus tôt.

«Vous connaissiez ma mère?

— Oui, oui, comme j'te dis, j'lui ai enseigné il y a dix-sept ans de ça.

— Elle était comment?

— Ta mère avait un problème...»

On s'en serait douté. Ce charmant professeur voulait la revoir. Super! On allait peut-être enfin savoir le fond de l'histoire... Mais ma mère refusa ferme même de lui parler.

«Non! j'veux pas me rappeler cette dure époque.»

Elle avait ses raisons. Reste que l'occasion était presque rêvée pour faire le grand ménage. Il n'a pas eu lieu. Ça n'allait pas.

«Jean-Paul, j'en peux plus... Les éducs sont toujours sur mon dos, pis les filles ici... J'pus capable. Pis tu sais quoi... ils veulent me garder en centre après la naissance du bébé. Ça jamais! Ils veulent juger si je serai une bonne mère.»

Ça n'allait pas...

«Charles, c'est moi. Ça va?

— Bof! Et toi?

— Bof! Tu trouves pas ça con, toi, qu'on puisse plus se voir? Tu me manques, tu sais.

— Ça aurait été tellement plus simple que tu te fasses avorter, on aurait pu continuer de se voir.

— Non, mais, ça va pas? T'es en train de me dire à sept mois de grossesse que l'avortement, peut-être... Pis que si j'm'étais fait avorter, on serait encore ensemble... Charles, il y a du monde qui s'font des bébés pour rester ensemble. C'est drôle, hein! Et nous autres, on s'aime, on s'amuse bien ensemble, on s'est jamais engueulés, pas une engueulade, rien. Pis à cause que...»

J'étais juste à côté! J'avais des choses à lui... Il est venu les récupérer. Et c'est ma compagne de chambre qui lui a donné son paquet. Ça n'allait pas...

«Pascale, ton lit est mal fait.»

Pascale ceci, Pascale cela, Pascale, Pascale et encore Pascale.

Ça n'allait plus! Les copains, les copains... Tiens, Weber. Tom Weber, un mec que j'avais connu dans le temps d'Émile-Legault. Courtois, poli et tout...

«Sonia Pascale!

— C'est ça! Ça va?

— Qu'est-ce que tu fais? Ça fait un moment, dis donc!

— J'me cherche un appart. Et j'suis... enceinte... de bientôt huit mois.

— Et le papa?

— Disparu.

— Si tu veux, on peut chercher ensemble. Justement, moi aussi... j'en ai marre de rester chez maman.

— Quand?

— Demain.»

Et on s'est vus. Et il m'a draguée, et il m'a dit mille choses. Il voulait jouer au papa. Il me passait tous mes caprices.

«Je cherche un appartement pour décembre. Si j'pouvais partir avant, j'partirais, mais j'ai pas d'argent, alors...

— Si tu veux, j'pourrais venir habiter avec toi le premier mois et...

— On verra...»

Au centre, ça allait de mal en pis. La guerre froide, glaciale. Pour eux, rien à faire. J'allais me retrouver à Rosalie avec mon bébé. Et moi, rien à faire! Pas question.

«Qu'est-ce que tu fais?

— J'regarde pour des appartements. J'déménage!

— Tu déménages, oui, mais pour le centre postnatal Rosalie-Jetté. T'es trop immature pour prendre tes responsabilités. On prendra pas de chance pour le bébé.

— Penses-tu vraiment que je vais aller au centre avec mon petit?

— Oui.

— Jamais!

— C'est ce qu'on va voir. Ton T.S. s'en vient, on va en discuter. À ta place, j'me ferais pas trop d'idées!»

Jean-Paul est arrivé, on est descendus dans le bureau, l'éducatrice qui s'occupait de mon suivi, Jean-Paul et moi. Les autres éducs étaient restés à l'étage. Jean-Paul et Lucienne ont parlé ensemble vingt bonnes minutes, puis ils m'ont fait entrer dans le bureau.

«Assis-toi.»

Et Lucienne m'a débité sa salade avec des «c'est pour ton bien» par-ci, des «le bien de l'enfant que tu portes en toi» par-là. Elle était d'une gentillesse maternelle. Jean-Paul n'avait cessé de nous regarder l'une et l'autre pendant le sermon. De mon côté, aucune réaction. Je n'ai pas bronché. J'attendais qu'elle finisse. Poliment.

«Toi, qu'est-ce que t'en penses, Jean-Paul?

— C'est peut-être pas une mauvaise idée. Ça te donnerait le temps.

— Quel temps? Du temps pour quoi faire? M'emmerder encore plus? Jean-Paul, j'veux pas y aller, pis j'irai pas!

— Viens, qu'on se parle...»

On s'est installés au salon tous les deux.

«Écoute, Pascale...

— Jean-Paul, y en est pas question. Dites ce que vous voulez, moi j'irai pas là-bas. S'il faut que j'me vende le cul pour me ramasser assez d'argent pour partir loin, j'vais le faire... N'importe quoi, ça ne me dérange pas, mais j'vais pas là-bas, ça c'est sûr!»

On a discuté encore un peu, puis on est retournés dans le bureau. Une fois assis, Jean-Paul a parlé:

«Pascale veut vraiment pas y aller. Elle est catégorique, et je crois qu'on ferait mieux de mettre nos efforts sur le comment l'aider dans son appartement futur.

— O.K. Bien, on a un service de...

— J'peux-tu m'en aller?

— Oui c'est ça, laisse-nous discuter», m'a lancé Jean-Paul.

Et je suis remontée à ma chambre et à mon journal.

«Qu'est-ce que tu fais? T'as rien compris. Tu y vas pas en appartement. Es-tu drôle, elle!

— Non, j'pense que c'est toi qui as pas compris. Je m'en vais en appartement.»

Ça leur a bouclé la gueule, bien fait! Depuis le temps qu'elles m'emmerdaient toutes! Un appartement sur Queen Mary au coin du métro presque... un trois-pièces et demie. Deux grandes pièces, petite cuisine, et salle de bains. Un grand placard à l'entrée. Des murs jaunis et un plancher de bois franc bien usé... un petit paradis!

Un appartement sur Queen Mary

C'est Tom Weber qui paya, comme prévu. On était copain-copain. Lui voulait plus, évidemment. C'était aussi évident que le fait que moi... je ne voulais rien savoir. Après quarante-huit heures dans l'appart, la chicane a poigné. La bagarre a commencé à cause d'une main qui a atterri sur mon épaule en direction de mon sein... Je lui ai fait la morale. J'ai gueulé, je l'ai traité d'obsédé, de gros cochon. Il a gueulé aussi des «je t'aime», etc.

«Et puis après tout, c'est à qui l'appartement?

— T'as raison. À toi. Salut!»

Voilà, je me tirais. Il m'a retenue. J'ai hurlé. Les voisins ont appelé les flics. Tom s'est tiré. Stupide comme ça. Je me retrouvais toute seule, sans le sou, huit mois de grossesse. Tom appela le lendemain pour savoir si j'avais besoin de quoi que ce soit. Oui, mais...

«Laisse tomber. Dans le fond, tout ce que tu veux, c'est coucher avec moi. De moi, tu t'en fous. Tu veux que j'aie une dette envers toi... Non, ça va, ton aide...

— Non!… Non!… c'pas ça. Si tu veux, on va être juste amis. J'ai compris… Mais être ami avec toi, ça va…»

Et on a réessayé… mais ça n'allait pas. Il avait l'air d'un chien, la queue basse, les oreilles molles et, non, ça n'allait pas. Il était beaucoup trop bien pour…

«C'est mon cul que tu veux, Tom.

— Non.

— Tu l'auras pas, tu l'sais?

— Oui.

— Non, tu l'sais pas, j'le vois dans tes yeux. Si tu veux, j'peux jouer la pute. Juste pour toi, mon loup…

— Fais pas ça… j't'en prie, fais pas ça.»

Mais… j'l'ai fait. Quelle conne je pouvais faire! Le petit numéro terminé, on s'est vus de moins en moins souvent… jusqu'à plus du tout. Quelle idiote je faisais! Par la suite, les temps furent très durs.

Sainte-Anne-des-Lacs, le lundi 21 octobre 1991

L'accouchement

C'est en autobus que je suis partie accoucher. C'était pas trop pire, il n'y avait que les eaux de percées, pas de contraction. Donc, j'ai pu me rendre à Sainte-Justine sans trop de mal. J'étais consciente sans l'être.

Avant de partir, je fis deux appels. Un tout d'abord à Rosalie-Jetté, puis un autre à Sainte-Justine. Sainte-Justine confirma les dires de Rosalie-Jetté: c'étaient les eaux. Il fallait me rendre dans les plus brefs délais à l'hôpital. Bébé arrivait. De toute la grossesse, j'avais pensé à tout… mais jamais à l'accouchement en tant que tel. Je me suis fait une petite valise rapido: brosse à dents, pantalon de coton ouaté et t-shirt.

«Préparez votre valise et rendez-vous à l'hôpital. On vous attend.»

J'ai tourné en rond. L'angoisse folle. Il me fallait me donner du courage... Quelqu'un, vite! Et qui allait venir avec moi à l'hôpital? Et qui allait assister à l'accouchement? Qui?

La semaine avant l'événement, je m'étais arrêtée sur la question. Tous les copains suggérèrent de m'accompagner. Ils étaient même rendus à compétitionner entre eux. Ils étaient tous dans leur genre très gentils, mais ni l'un ni l'autre ne faisait l'affaire. Qui?... Et un nom me vint en tête, mais ça n'avait aucun sens. Ça faisait plus de trois ans que je n'avais pas vu Milaine.

Quand le jour J arriva et que le «Qui?» revint dans ma tête plus insistant que jamais, je répondis «personne». «Personne! Écoute, ma belle, finies les conneries, t'as voulu avoir un enfant... voilà! C'est pas le temps de t'énerver, c'est le temps d'agir. Écoute, ma belle, si tu n'y vas pas, y a personne qui pourra y aller à ta place!»

Et après m'être fait entendre raison, je suis partie. J'ai descendu tranquillement l'escalier. Arrivée en bas, j'ai replacé les trois serviettes (hygiéniques) superabsorbantes installées dans ma culotte... puis je suis sortie dehors sur Queen Mary... Trois autobus 51 étaient alignés devant l'arrêt. J'ai pris le premier... mais non, il était trop plein... le deuxième était mieux, et hop! Je me suis assise sur la banquette la plus en avant de l'autobus et, c'était parti. Une voix tout à coup s'est fait entendre, venue de nulle part...

«Sonia... c'est toi?

— Milaine!

— Salut! Ça va?

— Oui. Toi?

— Qu'est-ce que tu fais là?

— J'habite sur Queen Mary... je m'en vais accoucher. Toi?

— J'y vais avec toi.

— O.K. Où tu t'en allais, là?

— À l'école Marie-de-France.

— Tu vas sécher tes cours? Ta mère, qu'est-ce qu'elle va dire?

— Rien, voyons donc... j'vais l'appeler. Elle va comprendre!»

Et elle m'accompagna. À mon arrivée, on m'installa dans une chambre, une salle de travail comme on l'appelle.

«J'vais aller téléphoner à ma mère, O.K.? J'reviens.

— Attends... attends, appelle Charles. Tu veux l'appeler pour moi?

— Oui... oui... son numéro, c'est quoi?»

Il avait bien le droit de savoir que son bébé était pour naître bientôt. Qu'il était en train de naître... que ça se passait, là, maintenant.

«Ed... mais dis-lui juste que j'suis entrée à l'hôpital pour avoir le bébé. Que je l'appellerai après. Ne lui dis pas à quel hôpital, O.K.?

— O.K., j'reviens.»

Sacré orgueil de merde.

«Et puis, qu'est-ce qu'il a dit?

— Il a demandé où tu étais, à quel hôpital.

— Il voulait venir?

— Je crois bien que oui.»

Sacré orgueil de merde: il a foutu l'camp dès les premières contractions. Ed était là à me raconter des blagues pour me changer les idées.

«Ed, excuse-moi, mais te fatigue pas. Ça fait trop mal... S'il te plaît, rappelle Charles. Dis-lui de venir. Et s'il n'est pas là, appelle Jean-Philippe Lamy.»

Charles refusa. Le coup de poignard! Et J. P. L. était en route.

«Et puis?

— Charles ne veut pas venir. J. P. L. s'en vient.

— J'veux aller téléphoner, il faut que je lui parle...»

Les médecins et les infirmières refusèrent de me laisser sortir. J. P. L. arriva assez vite et fit brièvement connaissance avec Milaine. Tous deux s'occupèrent de moi.

«J. P. L., ça fait trop mal, j'veux rentrer chez nous. J'en ai marre, j'en peux plus... je r'viendrai demain... Où est-ce qu'il est, mon médecin? Ce médecin-là, je l'aime pas. C't'un gros cochon.»

Et finalement, après peine et misère, j'accouchai d'une petite fille toute rose, toute grasse, toute mignonne, toute belle.

Je n'ai pas osé rappeler Charles. Je n'ai pas trouvé le courage... Je souffrais encore de son refus. Papa et maman sont venus à l'hôpital, avant d'aller au théâtre, voir un ballet, *Casse-Noisette*. Ils étaient à nouveau ensemble, ces deux-là... Maman avait son beau gros manteau de fourrure, papa avait une fourrure au col, lui aussi. Et Thomas portait son habit de pilote et son paletot que papa lui avait fait faire sur mesure. Ils avaient tout de la haute bourgeoisie, de la petite famille dite classique.

«On est allés voir le bébé. Elle est superbelle. C'est le plus beau bébé d'la pouponnière... Et elle est blanche... hein... c'est drôle, surprenant», lança maman.

Et papa sourit. Thomas, lui, affichait le look décontracté des mannequins dans le catalogue de La Baie, Tenue de ville pour garçon de huit à seize ans.

«Pascale... t'es-tu vue dans l'miroir? Regarde-toi! T'es tout échevelée. Tu te laisses aller, c'est pas croyable.»

Deuxième remarque de maman:

«On va aller au fumoir... vous venez? Non mais... c'est quoi, ça, ce pantalon-là... et ce chandail? T'as rien de mieux à te mettre sur le dos?»

Mon accoutrement l'outrageait...

«Tiens, j't'ai apporté ça.»

Et elle sort d'un sac Old Orchard une jaquette courte d'un vert bonbon en coton ouaté achetée au «5-10-15».

«Mets donc ça à place de ton vieux chandail.»

Ce que je fis. Après, on est allés au fumoir… On s'est assis tous les quatre et on regardait le plancher… on n'avait rien à se dire. Alors bon, quand les copines se sont pointées, je n'étais pas fâchée.

«Salut… Est assez belle… Comment ça a été? Elle est assez belle… Comment ça va? Ç'a pas été trop dur? Ça va bien?»

Je faisais signe que oui d'la tête et je souriais timidement.

«Je vous présente mes parents. Papa, maman, c'est des copines de Pierre-Laporte.»

Papa, maman ne m'avaient même pas demandé comment ça allait… Je vous jure, cette fois-là plus que d'autres, la situation a parlé d'elle-même. Ils avaient l'air cons et ils se sont retirés.

«Bon, nous autres, on va y aller si on ne veut pas être en retard au théâtre.

— O.K. Salut, papa… Salut maman… *Ciao* Thomas!»

Thomas ne me salua pas, il était trop concentré sur ses poses.

Les conseils de la mère de Charles

Un souvenir remonte à la surface… On avait eu une rencontre chez Sam, peu après la naissance d'Émilie-Jo, quelques heures insoutenables où elle parla au nom de Charles, soi-disant… où Charles n'avait pas quitté le plancher des yeux trente secondes, sauf pour me lancer des regards de chien battu pendant qu'elle me condamnait. Quelques horribles heures dans le but de me convaincre que Charles ne voulait plus rien savoir de moi, tout ça en laissant planer constamment, librement dans l'air le doute qu'il ne soit même pas concerné par cette histoire de grossesse. Après ça, Sam m'accompagna au métro et me dit:

«Tu veux que j'te donne un conseil? Quand quelqu'un te demandera qui est le père, ne dis pas que c'est Charles.

— C'est Charles.

— J'en doute fortement, mais ça n'a pas d'importance. Ce qui importe, c'est le fait que tu l'élèves toute seule. C'est une chance en quelque sorte. Moi, avec mes enfants, je suis toujours poignée avec leur père! Des histoires qui finissent plus... T'es chanceuse dans ce sens-là. Oui! Oui! Compte-toi chanceuse.»

Elle ne convainquait personne. Elle poursuivit. Moi, j'écoutais avec mon petit sourire timide, la main sur la portière...

«Quand quelqu'un te demandera... réponds donc que le père et la mère de c't'enfant-là, c'est toi! Pis, sois-en fière. O.K.? Salut! S'il y a quoi que ce soit, tu m'appelles... Laisse donc Charlie en dehors de tout ça. O.K.?

— O.K. Merci. Salut, Sam!»

La tarée

Elle a appelé hier, ma mère. Elle voulait, je ne sais pas par quelle subite envie, savoir comment nous allions, la petite et moi.

«Tout va bien.

— Et qu'avez-vous fait aujourd'hui?»

Aïe, la question piège! Tant pis, je fonce, non sans quelque hésitation. Elle serait fière de ce que j'allais lui annoncer:

«On arrive d'un studio de photos... Émilie présente des collections pour enfants...

— Émilie, mannequin?

— Oui, oui, maman, mais rassure-toi, c'est une agence très sérieuse. Émilie s'y sent bien et trouve cela très amusant. Sans compter que cela nous fait une sortie.

— Mannequin! Pascale, réalises-tu ce que tu fais?»

Qu'allait-elle encore me sortir? Ma journée avait si bien commencé et celle de ma fille aussi. Qu'est-ce qu'elle nous voulait?

«Quoi? maman.

— Ils te paient pour ça? Combien? C'est écœurant! C'est de l'initiation à la prostitution que tu fais là: tu vends ta fille!

— Là, tu délires complètement!

— Tu veux que je te dise... que je te dise, Pascale, pourquoi tu as eu cette enfant-là?

— Pourquoi, tu penses?

— Pour ton six cents piastres d'aide sociale!»

Là, c'était vraiment trop! Comment pouvait-elle se permettre de penser, de dire de telles méchancetés? Toujours le mot pour blesser! Elle avait toujours les bonnes expressions pour virer des joies en blessures. On s'était vraiment éclatées, Émilie et moi. Pour le six cents dollars d'aide sociale! Non, mais vraiment... Et comment aurais-je pu être au courant de l'aide sociale? J'étais une gamine et n'avais aucune notion de ce que pouvait être la société organisée. Pour six cents par mois! Elle me croyait à ce point minable! Voilà donc l'idée qu'elle avait de moi!

«Non maman, non, ce n'était pas pour le six cents dollars d'aide sociale que j'ai eu ma fille. Non, non, c'était pour toi, pour toi, maman, si tu veux vraiment savoir! Pour toi. C'est pour te détarer, maman. C'est pour t'offrir une fille blonde, maman, sans trace de nègre. Sans tare. Tu te souviens, maman, tu avais été assez nulle avec moi déjà à cette époque, assez méchante, assez destructrice... Je t'aimais, j'avais besoin de toi, mais ce que je recevais, c'étaient des coups, des coups, des coups. Je ne sais pourquoi tu me harcelais aussi psychologiquement. Constamment, tu cherchais à me détruire. Sans répit, tu t'acharnais sur mon petit corps. Tu allais jusqu'à t'acharner sur mes gènes... Tu me disais, tu disais à ta

petite gamine que cela provenait de ses gènes. Des gènes de nègre, maman. Ça, tu aimais bien me le rappeler.
Des gènes, mes gènes, toujours mes gènes.

Et Émilie, c'était pour toi! Et avec de la chance, elle
ne sera pas brune. Elle aura la peau claire, des cheveux
blonds. Elle n'aura aucun trait négroïde. Si Dieu me le
permettait, et c'est là mon dernier souhait, il ne pourrait
me le refuser et il ne me l'a pas refusé! Et moi, maman,
moi... à partir de là, je n'avais pas besoin de six cents
dollars par mois. Non, une simple place au cimetière
m'aurait comblée. Jamais une minute je n'ai pensé élever cette enfant-là, maman. Non, la vie de cette enfant
venait en remplacement de la mienne. Je m'effaçais en te
donnant une chance de te reprendre, de tout recommen-
cer. Je n'étais pas l'enfant que tu voulais, j'allais te fabriquer l'enfant idéal. Je te procurais même le père qui allait avec parce qu'un enfant, ça va avec un père. Moi,
j'en avais pas; l'enfant qui allait venir en aurait un.
Charles l'avait tellement rêvé qu'il l'aimera malgré toi,
maman, ou avec toi. Mais il l'aimera comme ça et si tu
déconnais encore, Charles, lui, aurait été là pour l'enfant. Pour son bébé. Mais ça n'a pas tourné comme ça.
J'ai dû rester en vie pour elle! Parce qu'il n'y avait pas
un chat foutu de l'élever mieux que moi et cela malgré
mes dix-sept ans. Personne. Alors, je suis restée, le
temps de trouver. Je cherche toujours, je suis restée là...
me sentant trop minable, trop nulle pour mériter le beau
spectacle que ce petit trésor m'offrait. Ses sourires, chacun de ses mouvements. Je n'avais jamais vu quelque
chose d'aussi beau et j'avais du mal à croire qu'une personne aussi laide que moi, aussi malade, aussi encom-
brante que moi ait pu arriver à faire un enfant aussi
beau, aussi parfait. Non, je ne me croyais pas digne de
l'honneur, du plaisir, du bonheur d'élever mon propre
enfant. Pauvre bébé coincé avec une mère aussi... que
moi!»

Quelle histoire! Elle m'aurait peut-être, peut-être, aimée à travers l'enfant. L'enfant avait ainsi une chance d'être aimée. Moi pas, et partir sans laisser derrière moi ce petit être vierge de tout, je ne pouvais pas.

Épilogue

Sainte-Anne-des-Lacs, le mercredi 23 octobre 1991

Moi, tout ce que je voulais, c'était mourir en paix avec mes convictions, calmement, sans faire d'histoire, en étouffant la mienne. En leur en laissant une toute neuve à eux. Une Sonia Pascale toute neuve, sans tache, avec un petit cœur tout neuf et une âme toute pure.

Charles disait vouloir que je lui donne un enfant... j'étais pour tenir parole avant de... du haut de mes quinze ans, mon idée était faite. Elle aura un père merveilleux et ma mère aura une seconde chance, une vraie chance!

En guise de postface

Paris, 22 janvier 1994

Je ne sais pas si après avoir traversé ce récit vous avez compris que le seul véritable ami de mon enfance, mon seul parent fut la souffrance. Mais tout n'est pas tragique dans mon histoire. J'aime aussi rigoler, ce qui ne signifie pas pour autant que je n'en ai pas bavé. Bien au contraire, je me suis promenée d'abandon en abandon. J'ai connu des hommes et des femmes d'une cruauté sans pareil. Des êtres déshumanisés, à moins qu'ils n'aient été trop humains.

Jamais je n'oublierai cet homme qui voulait faire fumer de la drogue à mon bébé pour rigoler, ni cet autre qui a craché au visage de mon adorée petite fille. Jamais je n'oublierai cet homme qui, durant toute mon enfance, m'a battue, pas plus que cette femme qui semblait prendre plaisir à des scènes horribles. Je n'oublierai pas non plus celle qui m'a forcée, moi et mes six ans, à prendre une douche avec elle et un homme que je ne connaissais pas. Jamais je n'oublierai tous ces appels au secours que je lançais haut et fort et auxquels personne ne répondait. Ces nuits où tout ce que j'entendais, c'était la douleur de mon cœur, mon petit cœur fragile. Certains m'attribuent du courage. Beaucoup de courage. Mais ils se trompent. Ce n'était qu'un instinct de survie. Un instinct maternel. Aujourd'hui, je me sauvée. Sauvée de la pauvreté maladive et de la violence physique. Pour l'instant. Un instant qui, je l'espère, durera toujours. Mais je n'arrive pas à échapper à ma mémoire. Et Dieu sait comment elle est parfaite.

Et Antoine. Mon Dieu, je ne veux plus qu'il batte une autre femme comme il m'a battue. Dans le cas de Michaël, je suis plus tranquille. Je sais qu'il a payé très cher dans son cœur, son âme et son corps. Mais pour Antoine... Ses parents n'ont rien compris à la violence dont il était capable. Ils n'ont rien voulu voir, préférant les mensonges à la réalité. Et lui, il est bien trop bête pour se contrôler. Bertrand, lui, se repent. Il m'a dit dernièrement que la seule façon qu'il avait de vivre en paix avec lui-même, c'était de pouvoir vivre avec moi en harmonie. Je ne suis pas persuadée que cela puisse être possible, mais le courage nécessaire pour qu'il prononce ces quelques mots... Il n'a sûrement pas compris le mal qu'il m'a fait mais ça, il n'y a que moi qui puisse le comprendre.

Quoi qu'il en soit, tout ça est fini. Et j'espère un jour pouvoir me débarrasser définitivement de ces cauchemars qui me font hurler dans la nuit et me tordre de douleur. J'aimerais bien ne plus avoir à me battre mais je sais bien, ne serait-ce que pour ma fille, que je n'aurai pas le choix. Les gens sont si durs, et la violence est partout. Sous différentes formes, mais toujours présente... J'essaie de ne plus me poser cette question qui remet toujours tout en question: POURQUOI?

J'aurais aimé que les choses très laides deviennent des choses belles, que les gens méchants deviennent des gens gentils. Je voulais voir l'amour même dans les plus haineuses des personnes. J'étais toujours prête à tout excuser, tout le temps, pour un regard, une attention, un peu d'amour. Je ne voulais pas croire qu'il n'y avait que la haine et rien d'autre. J'avais trop besoin d'amour. Le pardon, le pardon, oui je pardonne TOUT. Je finis toujours par pardonner. Jamais je n'oublie, mais pour pardonner, je pardonne. Est-ce un réel pardon ou tout simplement une façon de survivre. Je ne sais pas. Mais la question se pose.

Ma mère, je ne la vois plus. Je ne peux plus la voir. Il n'est pas non plus dans mes projets proches ou lointains de la revoir un jour. Un gros changement s'est produit en moi il y a trois ans. Il y a trois ans, j'ai pris un engagement: ne plus accepter la méchanceté gratuite d'où qu'elle vienne. Ma mère fut donc la première personne à sortir de ma vie. Je ne revois presque plus personne de cette époque. J'AI MAINTENANT MA GARDE LÉGALE.

Il y aura toujours des connards qui voudront m'emmerder ou me casser les pieds, mais attention, s'il n'y a personne pour me défendre, je le ferai moi-même. Je ne pourrai sûrement pas compter sur le secours de mes parents, et je ne demanderai pas l'aide de mes amis, pour ne pas les emmerder. Mais mon aide ce serait trop idiot de me la refuser. Oui, je crois bien que la seule personne sur qui je peux compter, c'est moi. Et entre vous et moi, le fait que je vous aie écrit, que vous m'ayez lue m'a beaucoup aidée. Merci. Souhaitez-moi bonne chance et si vous en avez besoin, je vous en souhaite à vous aussi.

SONIA PASCALE

Table